手相でつくる幸せ

金運・結婚運・健康運を引き寄せる

桑原良枝

GENTOSHA

はじめに——自分らしい幸せをつくるために

手相でまずは自分自身を知る

私は今まで、のべ8万人以上の方の手相を見てきました。恋愛や結婚、仕事、健康の悩みを相談にくる人もいれば、「起業したいけれど大丈夫か。するならいつ頃がいいのか」など、ビジネスについての相談もあります。その人の人生がいい方向に転換すると、私も大きな喜びを感じます。

手相は決して、「当たるも八卦《はっけ》、当たらぬも八卦」の占いではありません。長い年月をかけて、莫大な情報を集積して確立した統計学です。学問として奥が深いし、人間の知恵の結晶と言ってもいいかもしれません。

似た手相はあっても、まったく同じ手相の人はいません。なぜなら人はみな性格も考え方も違えば、持って生まれた運も違うからです。ですから、どんな仕事が向いているのか、どのような相手と結婚したらうまくいくのか、もっと言えばどんな生き方をすれば幸せになれるのかも、それぞれ違うのです。

お金を儲ける方法も、恋愛や結婚を成就させる方法も、その人の持って生まれた資質によって違います。手相を見て自分をよく知ると、どういう方法が自分に向いているのか、また、だいたいいつ頃に転機が訪れるのかも見えてきます。

手相を読み解くと、自分自身を客観的に知ることができます。大事なのは、知った上で、それをどう活かすかです。

たとえば、多くの皆さんが関心を持っているのが、財運でしょう。財運は小指の下に出ますが、「お金が貯まらない」と相談にくる人は、小指の下に薄い縦の線が何本もあります。この線が出ている人は、お金を使うのが好き。だから、貯まらないのです。

20代後半の女性でこの線を持っている人には、私は「あなたはお金を使ったほうが幸せを感じるので、使っていいのよ」と言います。「そのかわり、1万円あったら、先に3000円とっておいて使えなくしましょう。残りの7000円は、景気よく使っちゃおう」と。その習慣をつけると、確実にお金が貯まります。すると必ず、数本あった線のうち1本が濃くなるのです。

財運の場所に4本から5本ほど線があり、家庭を大事にする線がある50代の女性には、「もっと自分のためにお金を使いなさい。そして、自分のためにお金を残しましょうよ」とアドバイスしました。この人は子どもや孫のためにお金を使ってしまうから、手元に残りません。もらう子どもや孫は、もらうことが当たり前になっています。残りの人生を考えると、自分自身のために使ったほうが、より幸せになれるのではないでしょうか。

逆に1本濃い線がある人は、お金を貯めるのが大好きです。その〝現象〟だけ見ると、とてもよいことのように思えます。でも、若いうちから1本線がある人は、お金を使うのが嫌いなので人とのつきあいも遠慮しがち。そのため友だちがいなくなってしまいますから、「お金を使って、人生を楽しむことも必要よ」とアドバイスします。

高齢者で1本濃い線がある人は、ケチケチ貯めてきたので財産はあるけれど、人づきあいが少ない人がほとんど。こういう人は歳を重ねて寂しくなると、つい投資詐欺や振り込め詐欺に引っかかりやすいので注意が必要です。

このように、たとえ同じような手相であっても、その人の年代や状況によって、どう活かしていけばいいかは違ってきます。手相に描かれた現象を解釈するだけではなく、それをどう人生に役立てるかが大事なのです。

手相をヒントに行動を起こす

44歳の未婚の女性が、「結婚したいのにできない」と相談に見えました。手相を拝見すると、結婚線がしっかり出ています。ただ感情線がかなり短いという特徴がありました。これは感情表現が苦手で、「いいなぁ」と思っている人に気持ちを伝えられないのです。「いくら結婚線が出ていても、待っているだけでは結婚できませんよ。あなたの場合、婚活アプリを使ったり結婚相談所に行ったほうがいいわよ。結婚したい人が集まっているんだから、きっとお相手が見つかりますよ」とアドバイスしました。このように線がいろいろ教えてくれます。

最近は、職場の人間関係やママ友の人間関係に悩んでいるという相談が増えています。このケースは必ずストレス線が出ています。私は次のように言います。「ストレスがまったくない人なんて、まずいない。あなたがストレスをためているのはわかるけれど、悩んでいても解決にならないから、ひとりでカラオケにでも行って、大声を出して歌い、ストレスを捨ててきたら？　ストレスはためても一銭にもならないだけでなく、利息がついて追いかけてくる。だから捨てるしかないのよ」。ストレス発散は大事です。つまり手相は、行動を起こすためのヒントを教えてくれると考えてほしいのです。

より自分らしく生きるために。自分なりの幸せをつくるために。手相には、あなたに必要な、あなた自身に関する情報が書き込まれています。手相をよく見て行動に移せば幸せになれるはずです。

手相を知って、より幸せに

手相が人を幸せにすることを知った私は、73歳の時に、手相鑑定士の仲間たちと一緒に、女4人で「ここにいた」を起ち上げました。

「ここにいた」とは、〝あなたの相談相手がここにいます〟ということです。手相の鑑定をするだけではなく、手相というすばらしい学問をもっと多くの方々に知っていただくために教室も始めました。

スタートした時点で、私たちの平均年齢は73歳。70を過ぎて新たな出発をすることに対して、誰も不安はありませんでした。というのも、自分たちの手相を見て、この年齢で新しいことをやっても大丈夫。むしろ、人生が開けるという確信があったからです。

私は健康でいるかぎり仕事をする、いや、したほうがいい。どちらかというと縁の下の力持ち的な立場でいるほうがいいとも手相が語っていました。手相が教えてくれるとおりに生きてきて、よかったと思います。

そのように手相は、人生のさまざまなポイントで判断を下す助けになります。迷っている時の指針にもなり、問題や壁に突き当たった時の解決法も教えてくれます。

手相を知ると運が開け、より幸せな人生を送れます。

とはいえ、みんながみんな学校で手相を学ぶ余裕はありませんから、せめて基本的な手相をできるだけ多くの皆様に知っていただければと思い、この本を書くことにしました。

基本は本書で理解できますし、こういう手相の人はどこに気をつけたほうがいいのかといった具体的なアドバイスも載せています。

自分の手相を知れば運が開けるだけではなく、家族や友人の手相を見られるようになり、よりよい関係を築く助けになるでしょう。
明日、1年後、3年後、より充実した幸せな人生を手に入れるために。この本が、あなたならではの幸せをつくる助けになることを、心から願っています。

桑原良枝

手相でつくる幸せ

目次

第2章 仕事で幸福になるには

第3章 いい恋愛、いい結婚で幸せになる

第6章 金運を手に入れる

第7章 いい人間関係で運を開く

第8章 手相を健康維持の指針にする

第9章 不安のない幸せな老後を迎えるには

装幀　石川直美（カメガイ デザイン オフィス）
装画　Praneat/Shutterstock.com
協力　小西恵美子
　　　篠藤ゆり
　　　伴富志子
DTP　美創

第1章

手相の基本

手相とは何か

手を見ると、皺《しわ》の数、線の太さや長さ、手の厚み、肉づき、指の長さなど、人それぞれ必ず違いがあります。そういった「手に現れた相」が手相。手相は、一人ひとり違います。誰ひとりとして、まったく同じ手相の人はいないと言ってもいいでしょう。

手相には、自分自身の持って生まれた性格、才能、適性、人生の目的など、自分自身を知るためのさまざまな情報が現れます。そのため手相を見ると、たとえば自分はどんな仕事が向いているのか、成功するためには何に気をつけたらいいのか、どういう人と結婚すると幸せになれるのかなど、人生のヒントがたくさん見つかるのです。

いわば手相は、自分自身を知るための誰もが持っている一番簡単で身近なツールかもしれません。

◎手相を知ると生きるのが楽になる

人は、自分が思っているほど、自分のことが分かっているわけではありません。思い込みも多いし、「こういう自分でありたい」という願望から、間違った自分像を描いたりします。その結果、自分には合わない生き方をして心が疲れたり、無理をして体を壊したりします。あるいは相性の悪い相手と結婚して、つらい結婚生活を送るかもしれません。

でも手相が教えてくれることに素直にしたがえば、無理をせず、自分に合った楽な生き方ができます。チャンスの時期も分かるので、タイミングを逃さず、幸せを手に入れやすくなります。

私自身、手相にしたがって生きるようになってすごく楽になりました。「手相がこう言ってるんだもの。これでいいのよ」と、自分を肯定できるようになったのです。

○手相は未来を予測する道しるべ

手相を見れば、その人の過去、現在、未来が分かります。今の自分自身を知り、よりよい未来を送るにはどうしたらいいのか。その指針となり、向かうべき道を示してくれる地図となるのが手相です。

たとえば転職するとしたらいつがいいのか。結婚はいつ頃になるのか。手相は、この先の人生において転機となる時期も予測してくれます。

最近は前世を占うなど、過去に注目する占いも人気があるようです。でも、過去はあくまで過去。過去は変えられません。それよりもいかに未来をいいものにし、幸せを手にするにはどうしたらいいかを考えるほうが、大事ではないでしょうか。

まずは自分の手相を見て、今の自分自身の状態をよく知ってください。その上で、「こうなりたい未来の自分」を思い描いてみましょう。

お金を儲ける方法も、恋愛や結婚を成就させる方法も、その人の持って生まれた性格や考え方によってそれぞれ違います。手相を見て自分をよく知ると、どういう方法が向いているのかも、おのずと見えてきます。

明日、3年後、5年後、より充実した幸せな人生を手に入れるために。あなたも手相の見方を覚えて、すばらしい未来を手に入れていただきたいです。

◎人は運を握って生まれてくる

生まれてすぐの赤ちゃんは、手を握っています。手を握ると、自然にそこに皺が生まれます。

赤ちゃんは大人ほど手にたくさんの皺や細かい皺がありませんが、必ずなんらかの線があります。それは赤ちゃん一人ひとりで、違うはずです。つまり人は手相という、その人ならではの運を握ってこの世に生まれてくるのです。

成長していくにしたがい、手も大きくなり、細かい動きもできるようになります。その過程で、生まれる時に握っていた線は少しずつ変わっていきます。

大人になっても手相は変わります。手相が変われば、人生も変わります。まず、そのことをしっかり頭に入れておいてください。

◎手相は変わる

「手相は生まれつきのものだから変わらない」と誤解している人も少なくないようですが、これは大きな間違いです。手相は決して不変ではありません。自分の思いが変われば、線は変わっていきます。

たとえば運命線が弱々しくて短い人がいたとします。だからといって、「自分はこの先あまりいいことはないに違いない」と悲観する必要はありません。自分に合う仕事を見つけて、もっと意欲的に仕事をしようという気持ちになれば、きれいで力強い運命線が現れます。

この人が気にいったからこの人を支えていこうと思えば、人を支えていく線が出ます。自分が幸せになりたいと思えば、幸せな線が出ます。

もっとお金を儲けたいと思い、それに向かって自分に合った方法で努力すれば財運の線が出てきます。そのためにどんな方法が自分に向いているのかも、線が教えてくれます。

逆にネガティブな気持ちでいれば、ネガティブな線が出ます。不倫をすれば不倫の線が出ます。

手相は自分自身を映す合わせ鏡みたいなもの。つまり自分の心、自分の思いや考え次第で線は変化し、運命も変わっていくのです。自分の思いひとつで、あなたの手にもいい線が生まれます。

「思い」だけでは心細い場合は、線を書き込むという方法もあります。やり方は後ほどご説明します。

手のふくらみにも意味がある

手のひらをよく観察すると、線のほかに、指の付け根や小指、親指の下あたりにふくらみがあるのが分かります。このふくらみは、「丘」と言います。

丘は9つあり、それぞれの名前の持つエネルギーが蓄積されています。たとえば人差し指の下の「リーダーの丘」は、リーダーとしての資質や社会的評価を意味し、薬指の下の「人気の丘」は、幸福感や満足、芸術、富などを意味しています。丘の肉づきがよく弾力があれば、その丘の持つ意味がより強調され、逆に肉づきが悪く薄ければ、その丘の持つ意味が弱まります。丘から出発する線は、丘の持つエネルギーを運ぶパイプラインの役目を果たしているとも言えます。

線は自分の努力や心境の変化、健康状態などで変わりますが、丘の位置は常に同じで変化しません。線がどの丘から出発して、どの丘に向かっているのか。手相を見るためには丘の存在も大事なので、ぜひ覚えておいてください。

九つの丘

名前の持つエネルギーが蓄積されている。

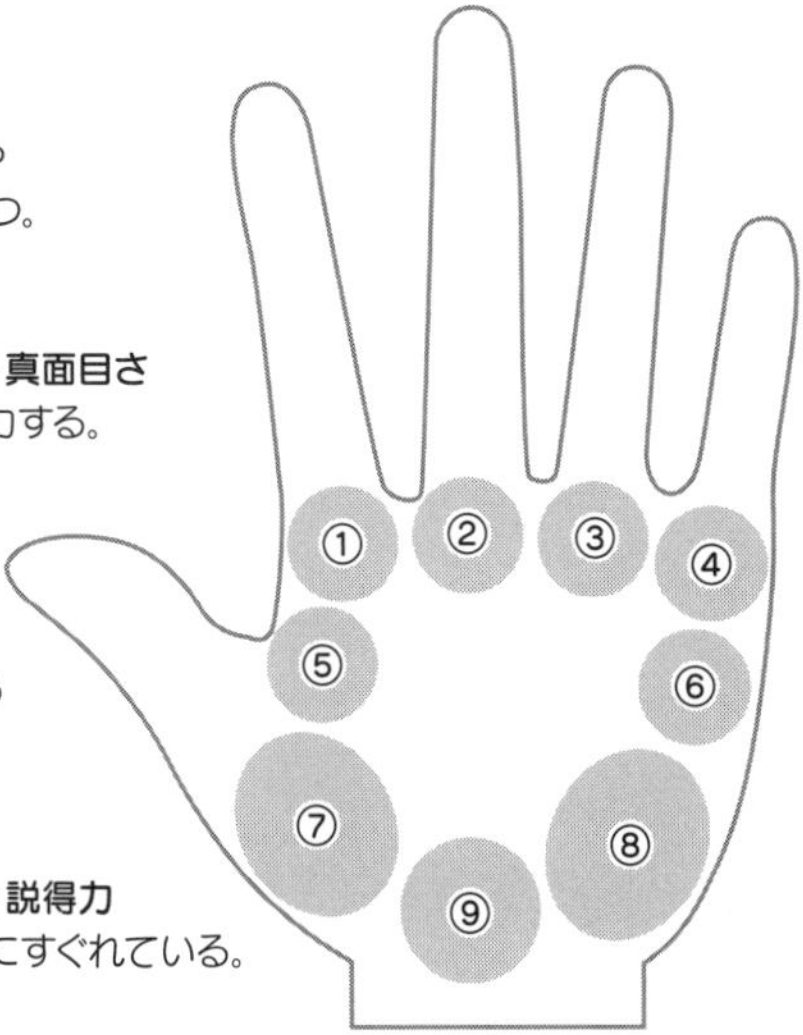

①リーダーの丘

権力・支配・地位・野心
リーダーとしての資質や
社会的評価の意味を持つ。

②努力の丘

目的意識・勤勉・持久力・真面目さ
明確な目的を持って努力する。

③人気の丘

幸福感・満足・芸術・富
明るく楽しい人気者の
意味を持ち、表現力にも
関係している。

④財の丘

商才・伝達力・言語能力・説得力
表現力があり金銭感覚にすぐれている。

⑤勇気の丘

行動力・闘争心
勇気を持って前進する。

⑥我慢の丘

自制心・忍耐力
耐えることによって報われる。

⑦健康の丘

体力・夫婦愛・肉親の愛・故郷
健康で元気、パワーの源。

⑧ロマンの丘

創造力・芸術・他人の援助
夢多きロマンチスト。

⑨先祖の丘

生まれ持った宿命・先祖からの恩恵
先祖の加護。

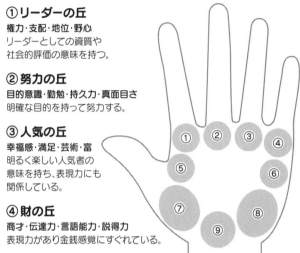

知っておきたい基本の線

プロの手相鑑定士が手相を見る際は、手の出し方、手のひらを上に差し出した時の指のそろい具合、指の長さ、手の厚みややわらかさ、大きさ、左右の線の違い、手に出ている線など、手のすべてを総合的に見て判断します。このうち手相を見る上でもっとも重要なのが、四大基本線と呼ばれる線です。

その4本が、「生命線」「知能線」「感情線」「運命線」。皆さんも名前は聞いたことがあるのではないでしょうか。

四大基本線はプロの鑑定士ではなくても見つけられるし、手相の中で最も重要な要素とも言えます。重要なのは、それぞれの線がどこから出発し、終点はどこなのか。左右どちらの手で見てもいいのですが、まずは左手で見てみましょう。

四大基本線

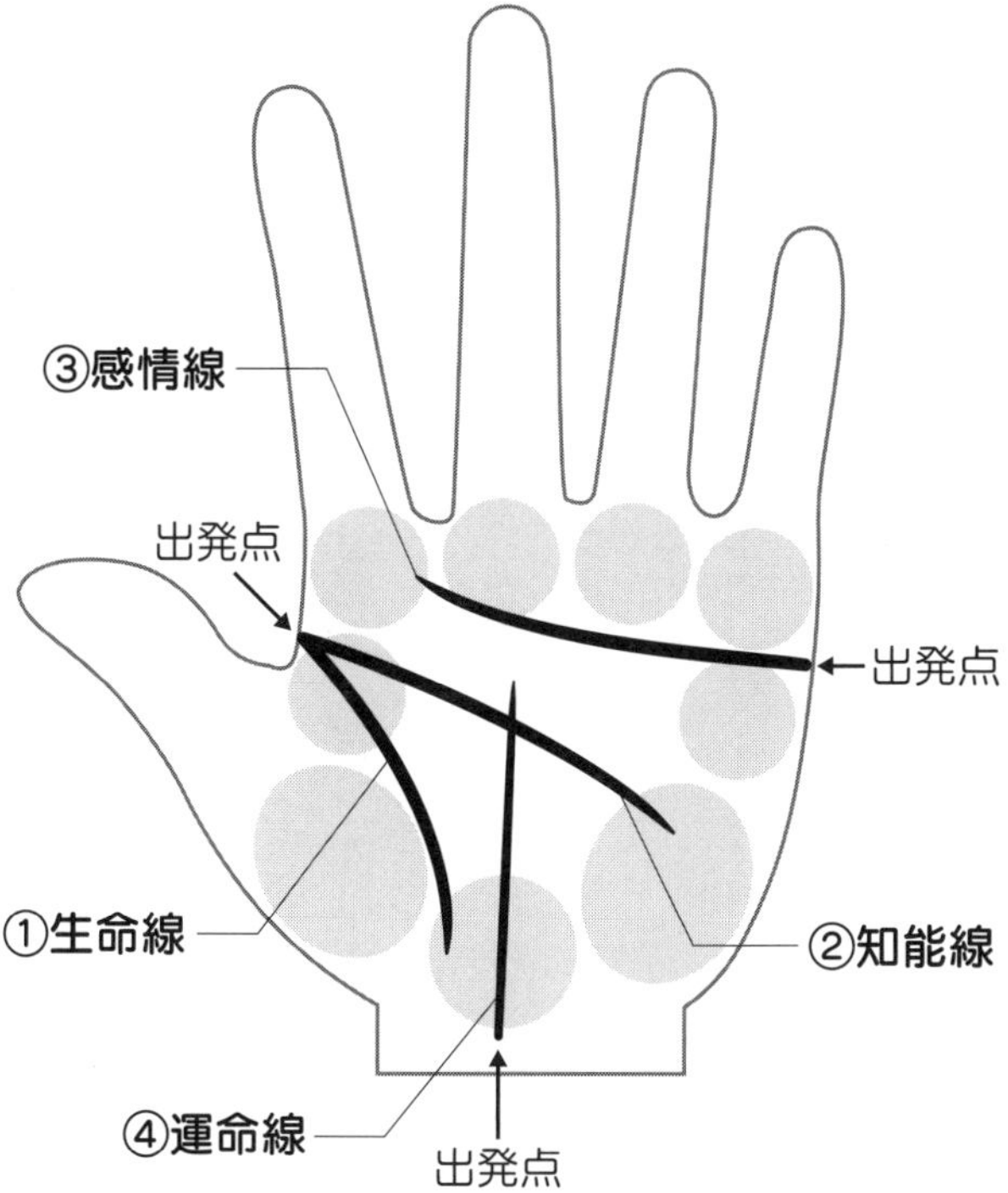

◎四大基本線その① 生命線

生命線は、親指の付け根と人差し指の付け根の間から出発して、手首に向かって弧を描いている線です。

生命線とは生命力を意味し、今の健康状態や、持って生まれた体力、精神力、エネルギーの強さなどが分かります。長くしっかりとした太い線がよいとされていますが、薄く、短いからといって必ずしも短命なわけではありません。

生命線が長いほど生命力が強く、体力に恵まれています。また太さはエネルギーを表し、太いほどエネルギーが強いとされます。

生命線が1本きれいに伸びていると健康で、線の乱れは疲れや体力が消耗していることの表れです。最近、線が乱れてきたなと思ったら、健康に気づかって十分休養するようにしてください。

生命線

生命力を示し、健康状態や持って生まれた体力が分かる。
親指の付け根と人差し指の付け根の間から出発し、
健康の丘を囲み、手首に向かって弧を描いて伸びる線。

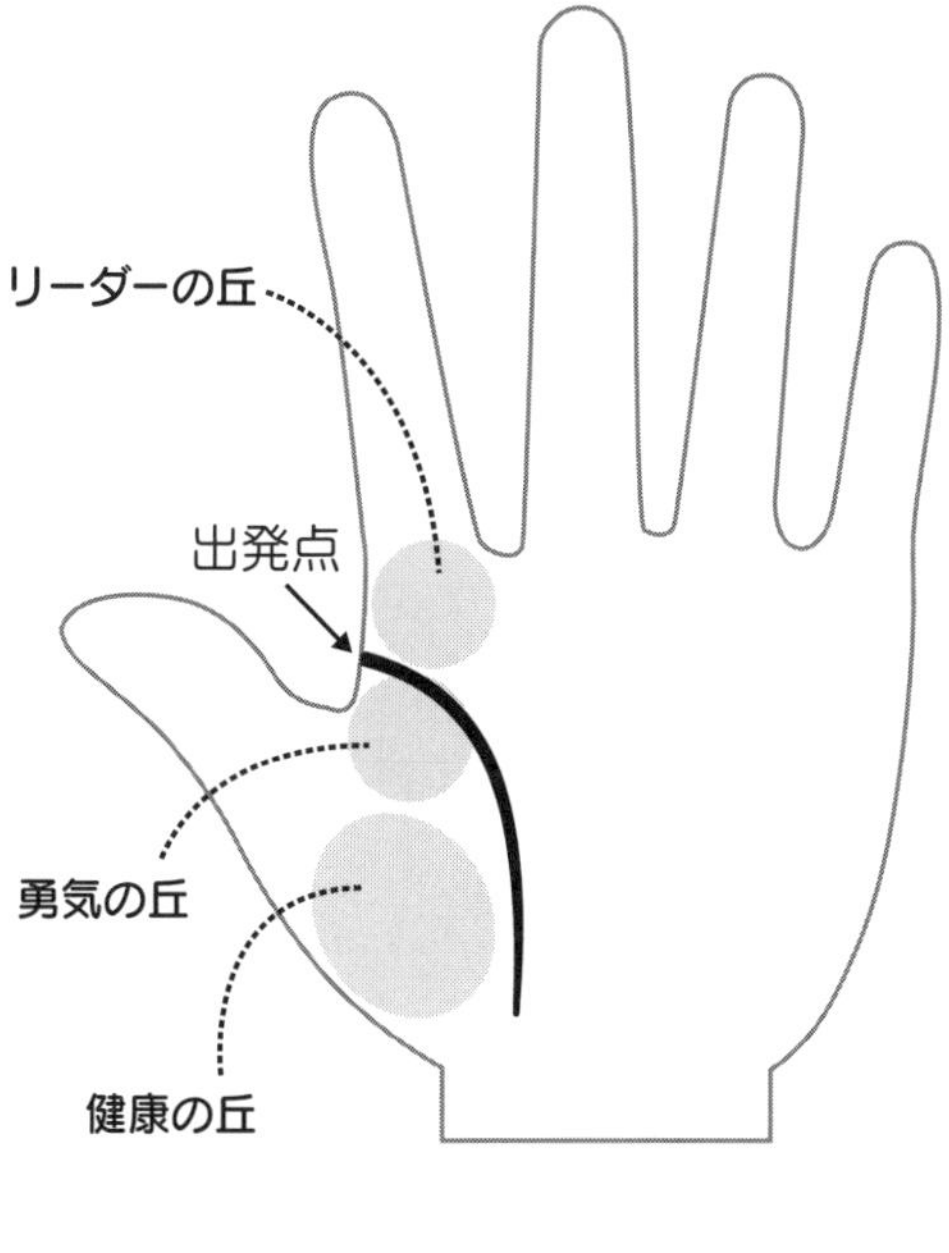

- 長いほど体力に恵まれている。
- 太いほどエネルギーが強い。
- 1本きれいに伸びていると健康。
  線が乱れていると疲れていたり、体力低下。

○生命線が長くて太い人

生命線は自分のエネルギーを運ぶホースだと思ってください。太くて長い生命線を持った人は、そのホースを通って、遠くまで生命エネルギーが飛びます。また、やる気や根性があって、精神力が強いのも特徴です。そのため仕事も成功しやすく、人生を切り開くバイタリティもあります。

ただしこういう線を持っている方は、元気でエネルギッシュな分、無理や無茶をしやすいという問題点があります。そのためつい暴飲暴食したり、過労になるまで仕事をしたり遊んだりしてしまい、結果的に体に負担をかけることも。

また、体力や気力を過信し、多少疲れていても精神力で乗り切ろうとするため、無理がたたって体を壊してしまう場合もあります。そうなってしまっては、元も子もありません。その点に気をつけ、持ち前の生命力をうまく活用することが、人生をうまく運ぶポイントとなります。

○生命線が短くて薄い人

生命線が短く、手のひらの真ん中あたりで終わっている人は、生命エネルギーが遠くまで飛ばないため、物事を長く続けにくいという特徴があります。精神力が弱い人も多く、何をやってもすぐ疲れたり、あるいは飽きてしまったりします。

ただ、生命線が短いからといって、寿命が短いわけではありません。体力がない分、健康管理に気をつかう人が多く、逆に生命線が充実している人より長生きするケースも多いのです。

たとえば上司から「今度の土曜日にゴルフがある」と言われても、「風邪ぎみですので、ちょっと無理です」と断ったりする。こういう人は会社ではなかなか出世はしないかもしれませんが、別に出世だけが幸せとも限りません。自分をいたわり、自分らしく生きて、幸福を手にいれることができるはずです。

生命線が長くて太い人も、短くて薄い人も、自分の体力やエネルギーの強さを理解し、それに合った生き方をすることが大切です。

○二重生命線

生命線に並行して、もう1本、線が伸びている人がいます。これを二重生命線と言います。こういう人は、「殺されても死なない」くらいの生命力の強さを持っています。100歳以上でお元気なお年寄りの手相を見ると、たいてい二重生命線を持っています。

二重生命線を持っている人は体力も気力もあるので、仕事もがんばり、ある程度の財力を持つこともできます。その代わり親の介護や身内の面倒など、必ず厄介事や難題が降りかかってきます。厄介事に巻き込まれたら、「それだけのキャパシティーがあるのだからこなせる、と神様から思われている」と考えましょう。そして、「そのかわり私はいつまでも丈夫でボケない」と自分を励まし、前向きに取り組んでいただきたいです。

二重生命線を持っている人へのアドバイスは、他人への思いやりを持つこと。この線を持っている人は元気なので、ちょっと熱があるくらいでは寝込んだりし

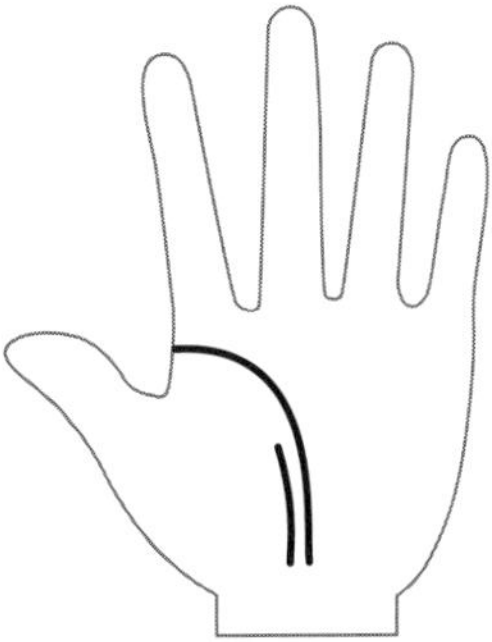

2倍の生命力の人

二重生命線の人は、気力、体力ともに普通の人の2倍、平均寿命を軽くオーバーするくらい元気で長生き。常に自分のペースで行動し、相手に対する要求も強くなる。

ません。ただ自分が丈夫なものだから、たとえば部下が風邪で仕事を休んだり妻が寝込んだりすると、「そのくらいで休むのか」と、責めがちです。なかには「精神力で治る」などと無茶を言う人もいます。

今の時代、そういった言動はパワハラ、モラハラと取られかねません。自分を基準にせず、人は自分とは違うとしっかり認識することが大切です。

◎四大基本線その② 知能線

知能線は人差し指の付け根と親指の付け根の間から出発している線で、その人の持って生まれた性格や知的能力、判断力などの能力が分かります。

知能線の場合、長いか短いかより、線に勢いがあり、力強く刻み込まれている線がよいとされています。また出発点でその人の性格やものの考え方が分かり、終点でその人に向いている仕事の分野が分かります。

○知能線の長さ

知能線が薬指のラインよりも長い人は、理論的に物事を考えるのが好きなタイプ。なにごとにも慎重で、軽はずみな行動はしません。知能線が薬指より短い人は、頭で考えるよりもまず行動するタイプ。行動力が人からも評価されます。

知能線

持って生まれた性格や知力、判断力などが分かる。
人差し指の付け根と親指の付け根の間から出発し、
手のひらの中心を横切って伸びる線。

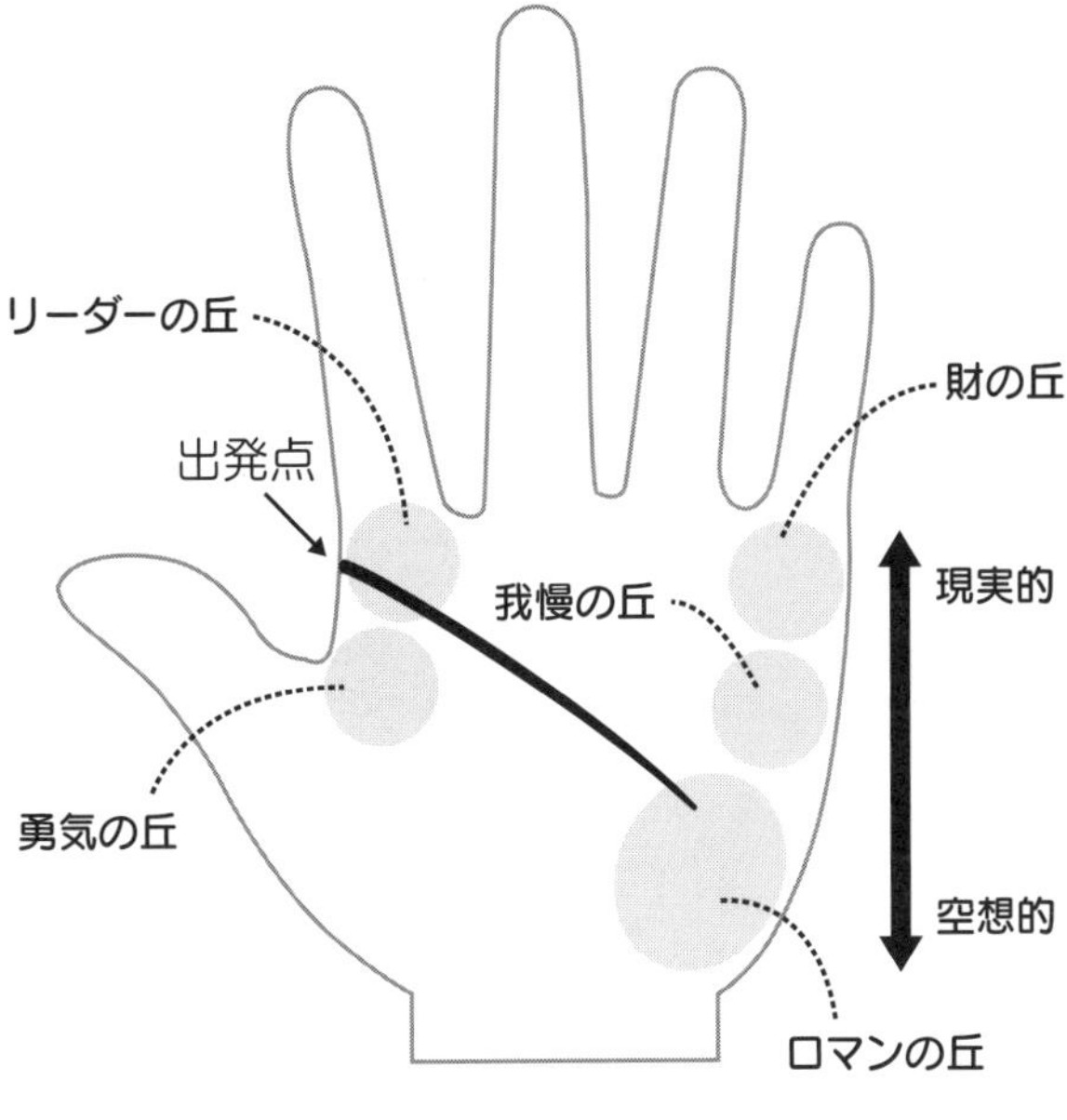

●線が短いと短期集中。長いと熟考型。

●太いほど自分で考える力が強い。

●まっすぐきれいに伸びていると頭脳明晰。
乱れていると集中力、注意力が欠如している。

○出発点で分かるその人の性格

知能線の出発点は、生命線の出発点とほとんど同じ場所から出発している人もいれば、離れている人もいます。

生命線とほぼ同じ場所から出発している人は、用心深く、よく考えてから行動に移します。そのため行動力が弱い人と見られがちですが、今は動くべきか動かないほうがよいかを見極める力があるので、組織のなかで出世するタイプです。

生命線から離れたところから出発している人は、大胆で行動的です。自信家で仕事のパイオニアになる人も多く、起業しても成功するタイプ。ただ、時には「空気が読めない人」と誤解されることもあります。

○終点で分かるその人の適職

知能線がどこに向かっていくのか。終点の位置によって適職が分かります。どういう線の人がどういう仕事に向いているのかは、第2章で詳しくご紹介します。

生命線上から出発している

出発点が生命線にくっついている

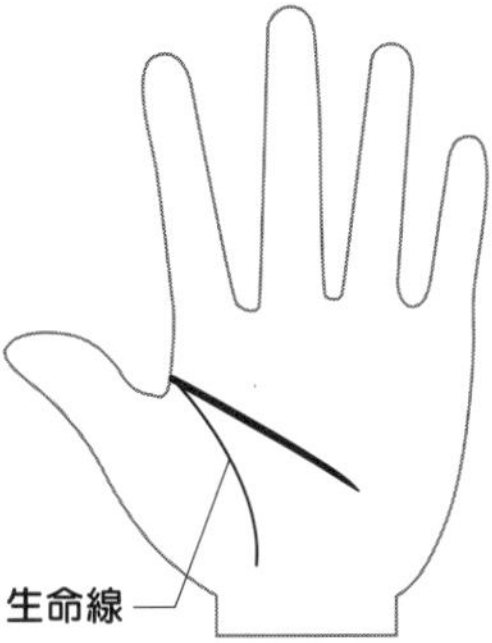

考えながら行動する

知能線が生命線上から出発している場合、堅実でバランス感覚に優れている。周囲の空気を読み、考えながら行動するが、保守的で妥協しやすい。

生命線から離れて出発している

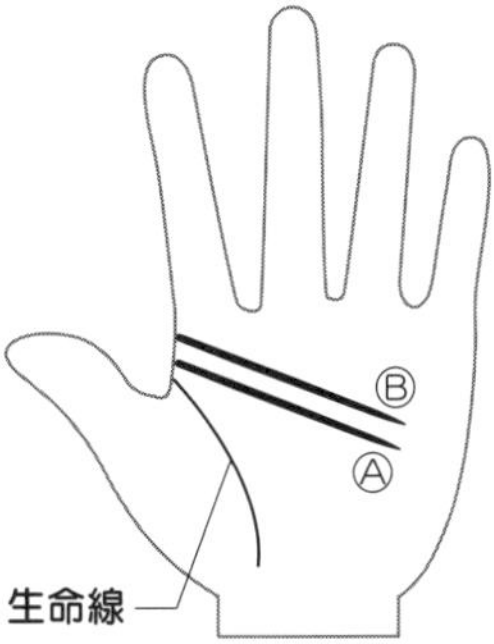

積極的で行動先行

知能線が生命線より上から出発している場合（Ⓐ）、積極的で大胆に行動する。自信があり決断が早く、統率力もある。しかし周囲の状況を判断する前に行動するので失敗もしやすい。生命線から5mm以上離れて出発している場合（Ⓑ）、非常に大胆で失敗を恐れず行動する自信家。

◎四大基本線その③　感情線

感情線は、小指の付け根と手首の間を4等分し、上から4分の1前後から出発して、人差し指や中指のあたりに向かって伸びる線です。感情線とは愛情のエネルギーを意味し、その人の持つ感性や感情、愛情の深さなどが分かります。

感情線の出発点によって、その人の性格や、お金に対する考え方が分かります。また終点の位置によって、どのような愛情を恋人や夫などにそそぐのか、恋愛のタイプも分かります。尽くしたいのか、尽くされたいのか。女性の場合、相手の経済力を重視するのか、お金なんてなくてもいいから一緒にいられればいいと考えるのか。そういうことも、感情線に表れます。

なぜ感情線の出発点でお金に対する意識が分かるかというと、小指の根元のふくらみは財運などお金に関する意味を持つ所だからです。男性で時々、小指の爪を伸ばしている人がいますが、お金をかき集めたい潜在意識の表れかもしれません。

感情線

感性や感情、喜怒哀楽、愛情の深さなど
愛情のエネルギーが分かる。
小指の付け根と手首の間を4等分し、上から
1/4前後から出発し、人差し指や中指に向かって伸びる線。

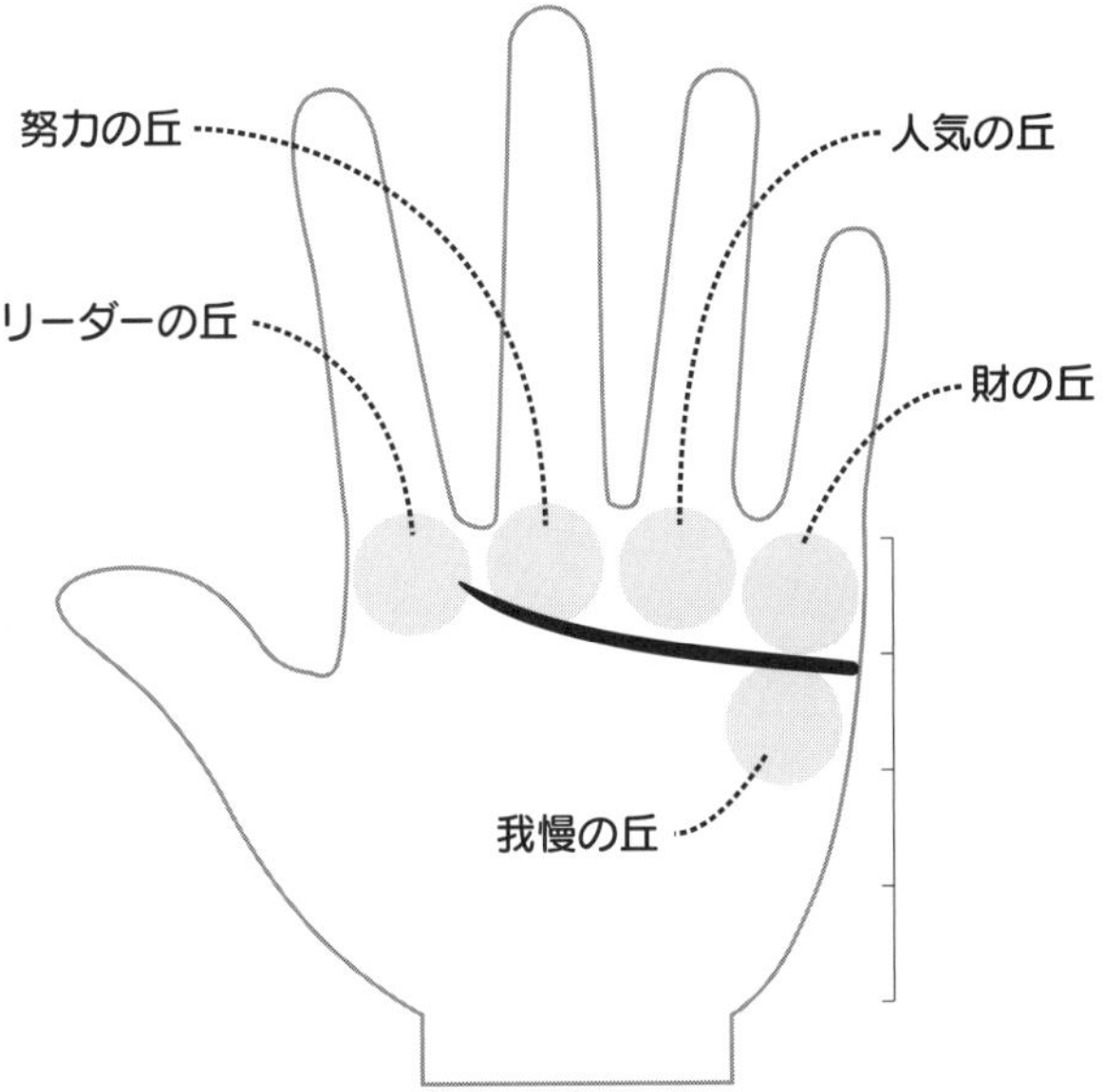

●細かな線があるほど多感で繊細。
線が直線だと冷静でクール。

●恋愛のタイプが分かる。

○出発点による違い

小指の付け根と手首の間を4等分し、感情線が上から4分の1より上から出ている女性（P45①）は、お金が大事。夫に財力を求めます。逆に感情線が4分の1より下から出ている人（P45②）は、やってあげることによって、自分が幸せを感じるタイプ。相手に尽くします。

○終点による違い

終点が人差し指と中指の間に入っている人（P45③）は、家族を大事にします。女性なら良妻賢母、男性なら家事を手伝ったりイクメンになったりするのもこの手相の人です。

終点が人差し指の中央に入る人（P45④）は理想が高いタイプ。相手にも高学歴・高収入などハイスペックを求めますが、自分も向上心が高く、努力する人が多いようです。なお恋愛のタイプや結婚の相性は、第3章で詳しく説明します。

結婚相手に求めるもの

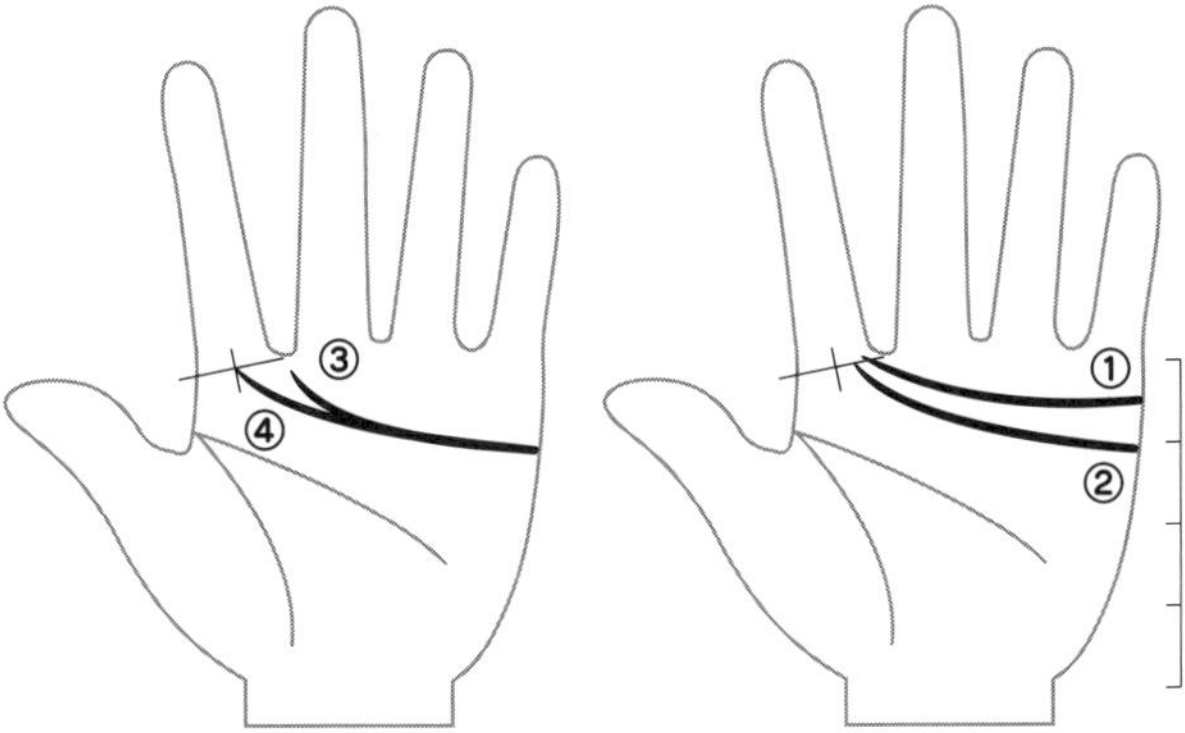

① いくら好きでも稼ぎがないとダメ。

② 好きならば、お金は関係ないと思う。

③ 帰巣本能が高いので、仕事が終わったら家族が待つ自宅にまっすぐ帰るのが幸せ。

④ 理想が高いが、自分を高める努力も好きなので、仕事の後は、ジムやカルチャースクールで磨きをかけるのが幸せ。

◎四大基本線その④　運命線

運命線は中指の付け根に目がけて縦に出る線で、慣れないとちょっと見つけにくいかもしれません。分かりにくい場合は、少し手をくぼめると見えやすくなります。

運命線とは運命の開拓を意味し、人生そのものである仕事運や人生の転機、開運時期などが分かります。

線が1本きれいに伸びている人、切れ切れの人、濃い人など人によってさまざまで、なかには運命線がほとんどない人もいます。

運命線からは、転職をするにはいつがいいのか、いつ頃トラブルに見舞われる可能性があるのかといったことも分かります。転機の時期が分かれば、そこに向けて準備ができます。自分の運命を開くために、とても大事な線です。

運命線

仕事運や人生の大きな転機、開運時期が分かる。
どこから出発しても中指に向かって伸びる線。

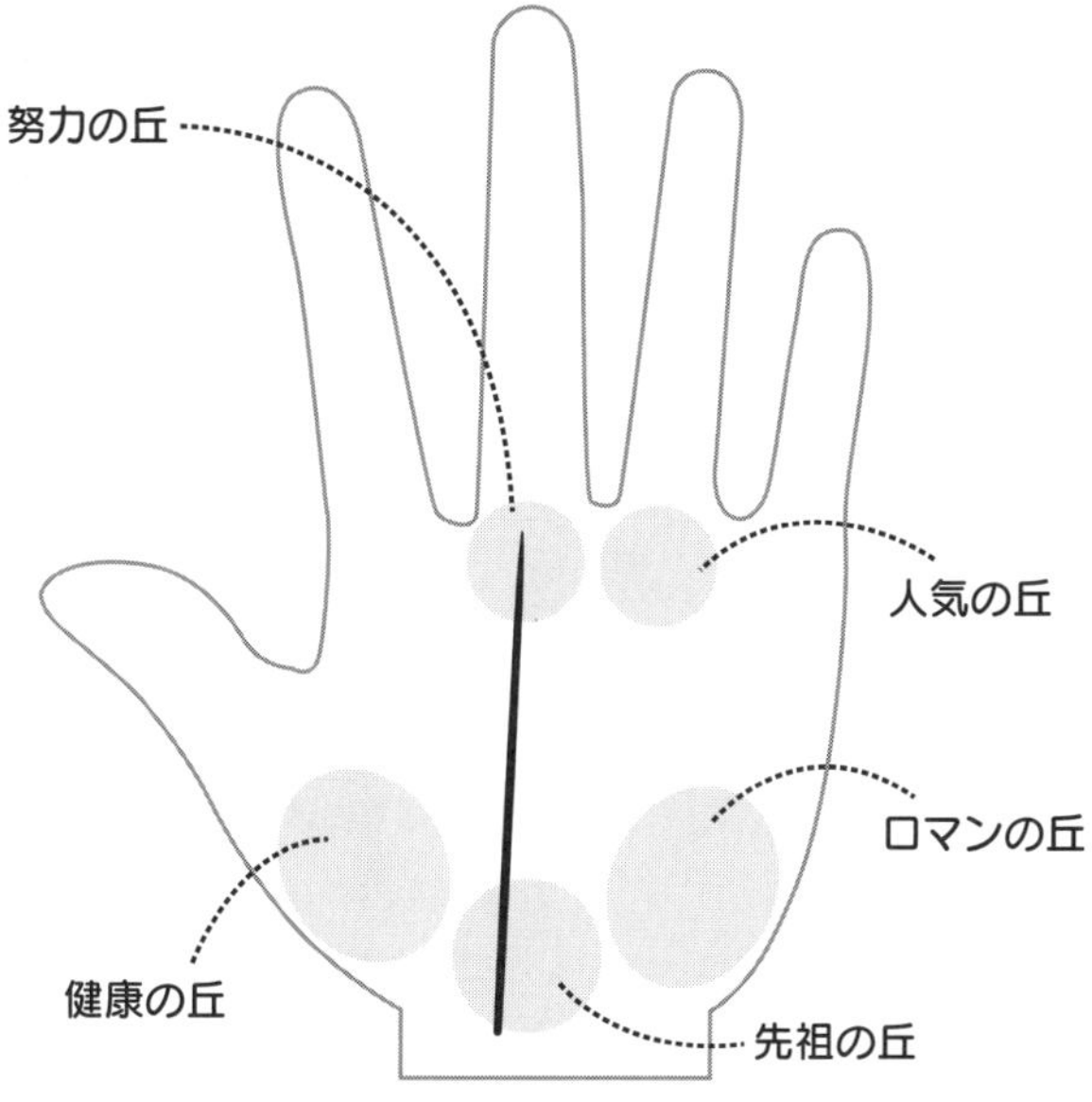

●線がある人とない人がいる。
線があると第一線で活躍、ない時は補佐役に。

●線が太いほど自分が中心になって前へと進む。

●運命線を切るように入る横線がある場合、
仕事上でのトラブルが発生する可能性がある。

○満足度が分かる太陽線

四大基本線以外に、私たちの人生に大きくかかわる補助線が3種類あります。それが「太陽線」「財運線」「結婚線」です。

太陽線とは、人間の満足度を意味し、現状の幸福度、満足度が分かります。人気線、幸運線などとも言われています。

太陽線は薬指に向かって縦に伸びる線で、ある人とない人がいます。ある人は仕事も成功し、他人からも評価され、満足感を得ています。今は線がなくても、現状に満足するとだんだん現れてきます。

知能線上から太陽線が伸びている人は、若い頃よりも35歳くらいから満足を感じる人です。勉強や研究など、自分の頭を使ったがんばりが中年以降認められ、地位や名誉、お金に恵まれます。

太陽線

幸せの満足度を示す。
人気、名誉、他人からの評価が分かる。
どこから出発しても薬指（人気の丘）に向かって伸びる線。

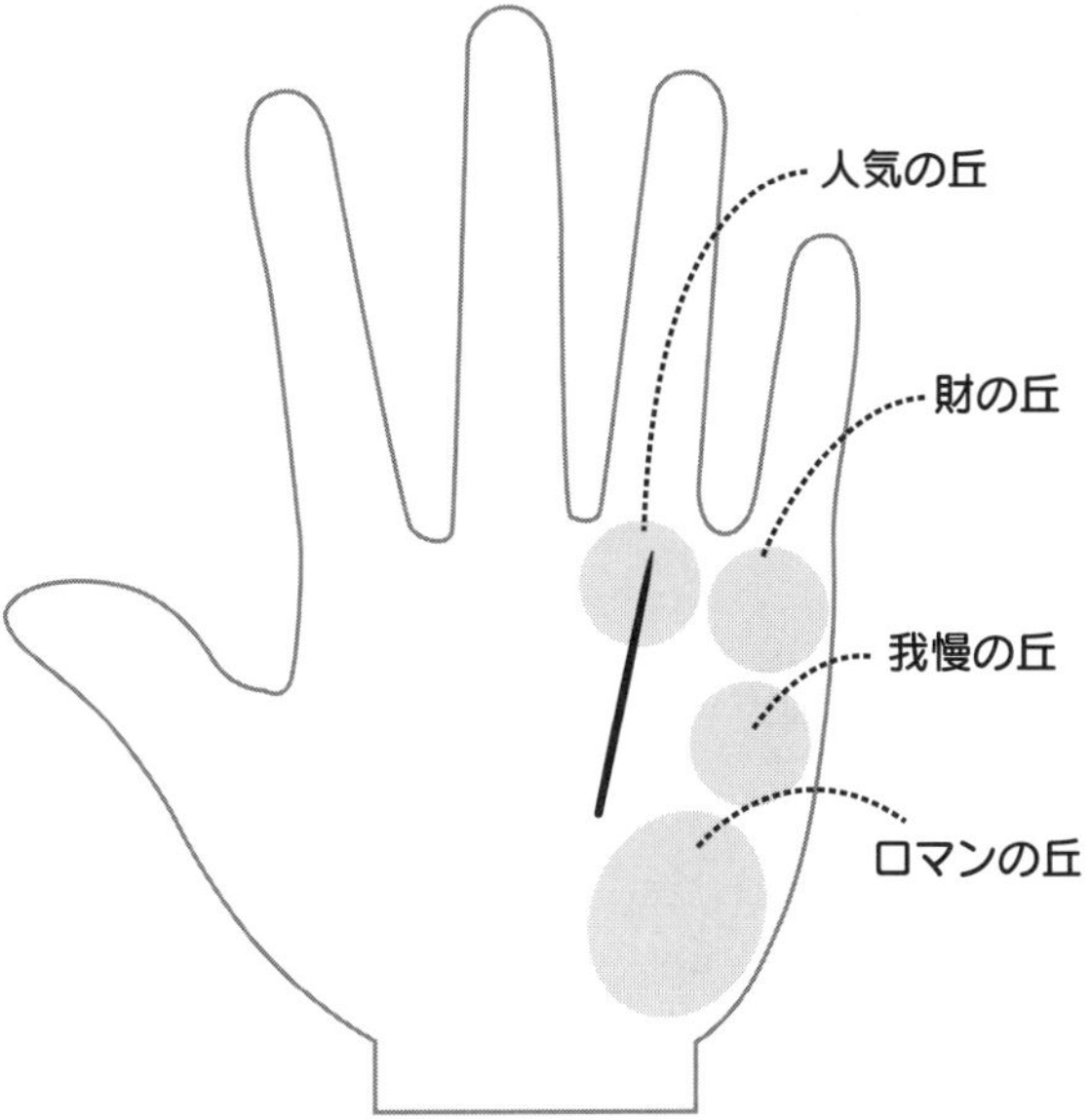

- 線がある人とない人がいる。
  線がある場合、現状に幸せを感じている。
  線がない場合、精神的、現実的に満足していない。
- 線が太いほど幸せで満足している。

金運が分かる財運線

自分には金運があるのか、お金について気にする人は多いはず。願わくば裕福になりたいものです。線がある場合はお金に関心が強く、線がないか、あっても薄い場合は、関心が薄い人です。

私のところには大勢のお金持ちが手相の鑑定にきますが、面白いことにこの線がない人もけっこういます。十分に資産があるため、お金に対する意識がなくなった結果、線がなくなるのでしょう。

逆に、たとえばこれから会社を上場しようという人は、頭の中でお金のことをすごく考えているので、当然ですが線がはっきり出てきます。財運については、第6章で詳しく説明します。

財運線

お金に対する関心度を意味し、
財産・収入・利益などの運が分かる
どこから出発しても小指に向かって伸びる縦の線

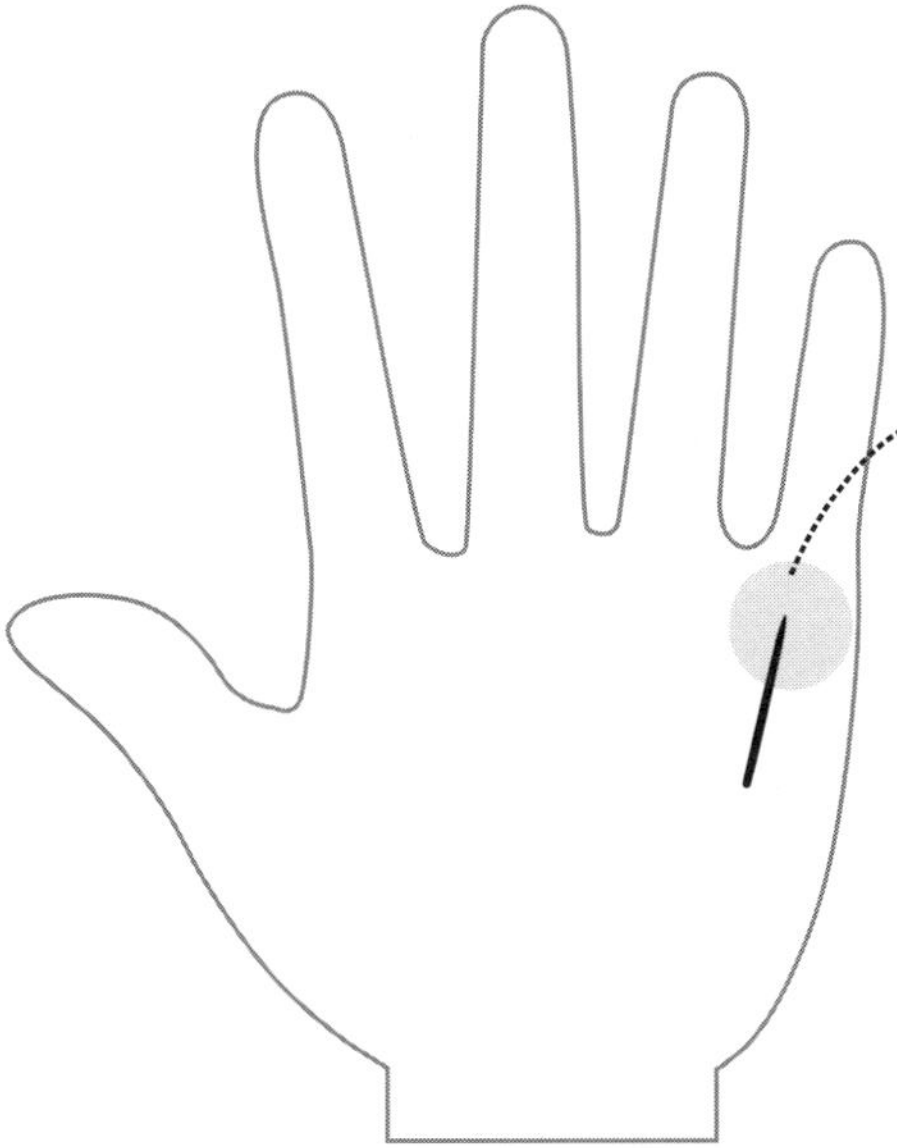

●線がある人とない人がいる。
線がある場合はお金に関心が強く、
線がない、または薄いと関心が薄い。

●線が太くはっきりしているほど、金運は強く、
大金を手にしやすい。

◎結婚線

結婚線とは、結婚への思いを意味し、結婚の可能性やタイミング、現在の恋愛や異性との関係などが分かります。

結婚線は、小指の付け根と感情線の間から出発して、横に伸びる線です。線がある場合は結婚への思いが強く、ない、または薄い場合は結婚への思いが弱い状態です。

結婚線がまったくない人も、結婚できないというわけではありません。結婚への願望が強くなれば線が現れます。また線の本数が多ければ多いほど、出会いのチャンスも多くなります。

結婚線を見る場合は、左右の小指側の側面をくっつけ、両手の結婚線の位置関係を確認することで、パートナーとの現状や将来性も分かります。結婚線については第3章で詳しく説明します。

結婚線

小指の付け根と感情線の間から出発して横に伸びる線。結婚への思い、時期や可能性、異性との関係や将来性が分かる。

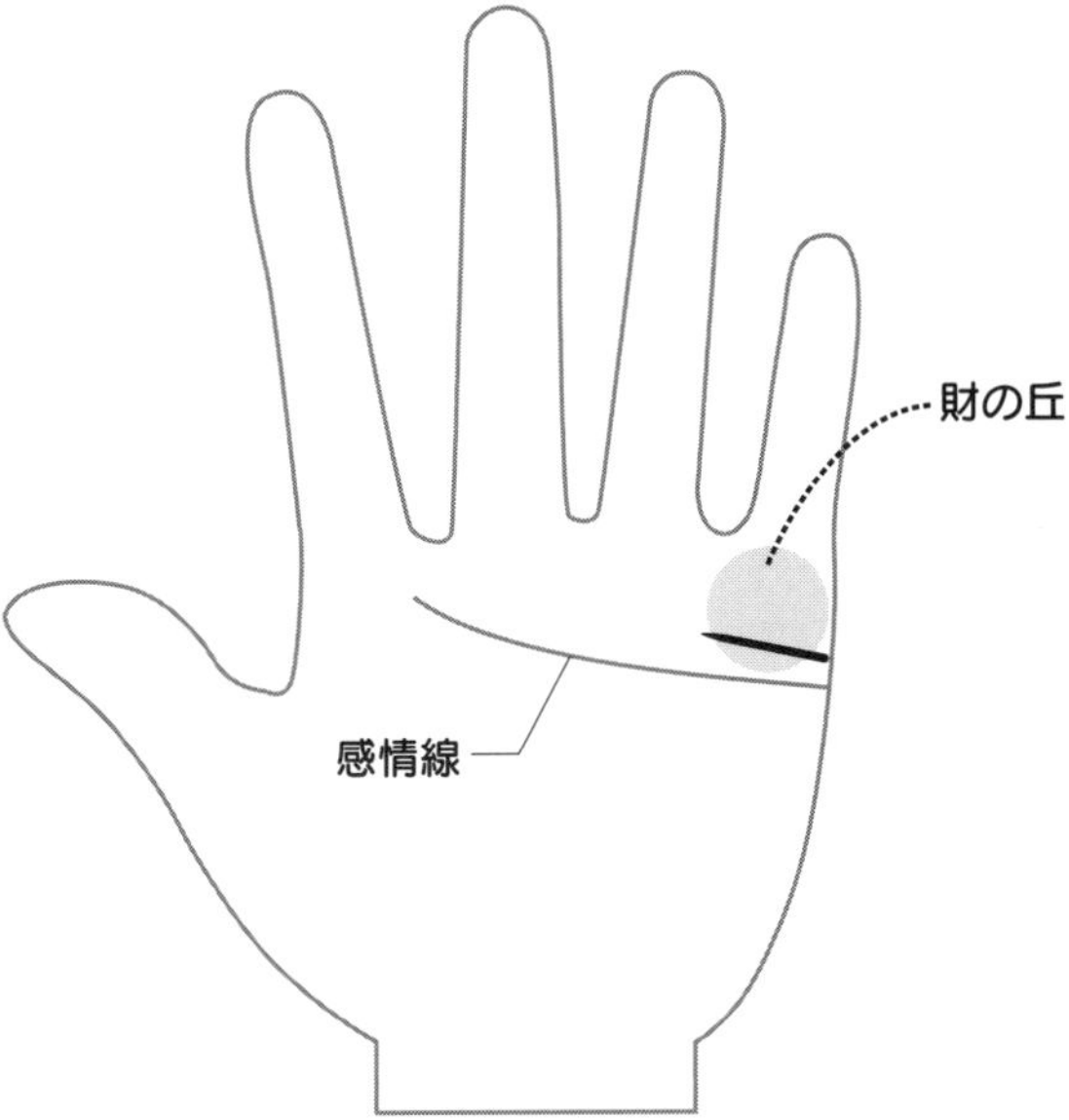

- 線がある場合、結婚への思いが強い。
  線がない、または薄い場合、結婚への思いが弱い。
- 線が多ければ多いほど、出会いのチャンスが多い。
- 線が鮮やかではっきりしていて、赤みを帯びている場合、結婚のチャンス到来。

◎宿命は左手に表れ、右手は現在を表す

手相は左右両手のひらを見ていきます。左手は先天的に持って生まれた運や、本来の自分が分かります。右手は目に見える現実的なものや、後天的に努力してつくられた運勢が分かります。

皆さん、運命という言葉を聞くと、一生変わらないものだと捉えがちです。でも、よく字を見てください。運命とは、「命を運ぶ」と書きます。つまり、運んだり動かすことができるのです。

一方宿命は、持って生まれたものなので、なかなか変えることは難しいでしょう。たとえばどの国に生まれてくるのか。これも宿命です。男性は子どもを産めません。このように変えられないものを宿命と言います。

運命を表す右手の線には、今の自分の思いが強く反映されます。つまり運命とは、自分の思い次第。自分自身で変えることができます。

実際、間をあけて手相を見ると、手相が以前と大きく変わっている人がいます。この人は自分の努力や考え方を変えることで人生を変えていったと、手相からも分かります。

また、自分では見て見ぬふりをしている本来の思いが左手に出ることもあります。たとえば、子育てで仕事を一時中断している女性がいるとします。子育てに熱中している時は仕事を表す線が薄いのに、子どもが少し大きくなると、仕事運の線が濃く出てきたとします。そういう人は仕事をしたほうが運が開けるし、自分でも本当は仕事をしたいと示しています。

それなのに子どもに寂しい思いをさせるのではないかと心配して、自分の心の声に蓋をしてしまうと、ストレスからかえって家族関係が悪くなる場合もあります。線に出ている自分の本当の思いには素直になったほうがよいでしょう。

◎運命は自分で変えられる

運命は間違いなく、変えることができます。手相の線が変わると運命が変わるし、運命が変わると線が変わります。

たとえば宝くじに当たると、小指の下にある財運線がピッと上がります。先日、1000万円が当たった人の手を見せてもらったら、しっかり財運線が上がっていました。

結婚線も変わりやすい線です。好きな人ができると線が濃くなり、男女の関係になると線が赤くなるのです。だから、「好きな人がいるんですね」「今、一緒に暮らしているんですね」と、すぐ分かります。

財運も結婚も、「運命」です。運命は自分で変えられるし、手相の線も自分で変えられるのです。たとえば、あまりよくない線があるとします。その線をなくしたければ、思いを変えればいいのです。

一方、手のひらの盛り上がった部分（丘）の場所は変化しません。その位置や弾力によって、その人の資質はある程度決まってきます。つまりそのふくらみは「宿命」を表しているとも言えます。しかし丘に入っていく線を変えれば、運命を変えることは可能です。

運命は人との出会いによっても変わります。たまに、「ろくな人と出会えない」などとこぼす人がいます。それは、自分もたいしたことないからです。

私は毎朝、ワクワクして起きるようにしています。もう78歳ですから体のあちこちが痛いし、とくに起き抜けは痛みを強く感じます。でも、今日もまた誰かといい出会いがあるかもしれないと思うと、自然にニコニコしてきます。そういう気持ちでいると、いい出会いがあるし、その出会いからまた新しい運が開けていきます。

運は自分で持ってくるもの。そう肝に銘じてください。

赤い線を書き入れて運命を変える

より積極的に未来の運命を変えるには、「手相を書き入れる」というやり方があります。こんな線が出たらいいのにと思う場所に、線を書き入れるのです。たとえばお金に困っている場合は、財運をもたらす線を書く。結婚したければ、はっきりと結婚線を書き入れます。

書く道具は赤のサインペンなど。と言うのも、赤は未来を表す色だからです。古代中国で生まれた陰陽五行説《いんようごぎょう》では、色には意味があると考えています。東は青、西は白、南は赤、北は黒、中央は金と決まっています。

赤は太陽のシンボルであり、願いがかなうエネルギーのある色なのです。

その赤いペンを用いて、「お金持ちになりますように」「人気者になりますように」「この仕事がうまくいきますように」「病気が治って長生きできますように」と、思いを込めて書くのです。

たとえば浪費家の人がお金を貯めたければ、図のようにまっすぐ1本線を引きます。

ここに赤い線があると、「何か買おうかな」と思った時、線が目に入って自然と「無駄遣いしてはいけない」と自分を戒めるようになります。それが積み重なり、気がつくと、お金が貯まっているはずです。

線を書くことで、思いがしっかりと刻まれます。自分はなんのために線を書いたのか。「そうだ、お金を貯めるためだった」「仕事をもっとやるためだった」「結婚相手を見つけるためだった」と、いつも意識するようになります。線を見ると、「そうだ、私もっと働こう」「いい人と出会えるよう、いつも笑顔でいよう」と、自分を変える努力をするようになります。

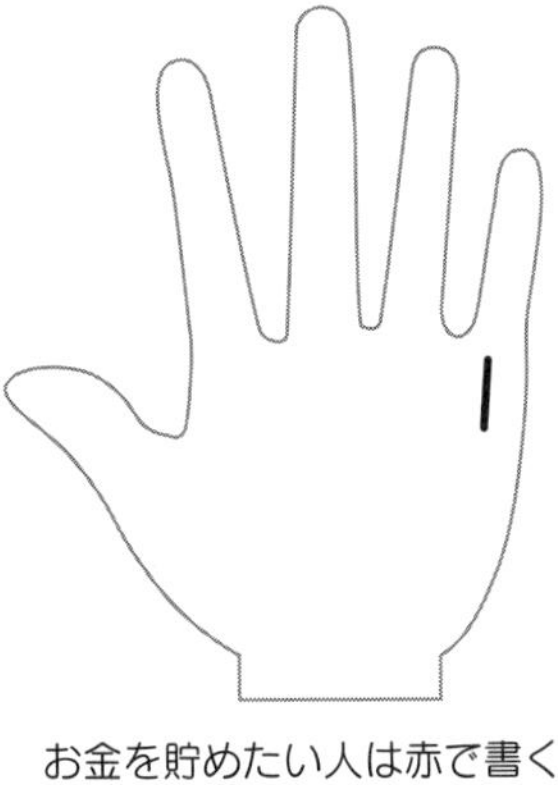
お金を貯めたい人は赤で書く

たとえば結婚したいと思って線を書き、「そのためにはいつもニコニコしていよう」と自分に言い聞かせる。すると自然と表情がやわらかくなり、人が寄ってきます。やさしさオーラが出ていると、必ずご褒美がくるのです。

時々満員電車のなかで、怖い顔をして人をにらみつけている女性がいます。私はそういう姿を見て、「あぁ、この人は、本当に好きな人と幸せな結婚はできないだろうな」と思います。

最近、手相をレーザーで刻みこむ人もいるようですが、それはやめたほうがいいでしょう。手に傷を入れて線を切るのは、どんな場合であれ、よくないのです。赤ペンで書くだけで大丈夫。お風呂に入って線が消えたら、また念じながら線を書き直しましょう。何度も書くうちに思いはますます強くなり、運命も変わっていきます。

コラム◎感覚脳は左手に、論理脳は右手に

最近は脳科学の研究が進み、左右の脳の役割が違うことが明らかになっています。右脳は五感をつかさどる感覚脳と言われています。たとえば赤ちゃんのお母さんが双子だった場合、まだ目も見えない赤ん坊でも、二人のうちどちらが自分のお母さんかが分かるそうです。それも感覚脳の働きです。そして左脳は言語や計算などをつかさどる論理脳だとされています。

感覚脳の右脳は左手とつながっており、論理脳の左脳は右手とつながっていることが分かってきました。こうした脳の仕組みと、手相における左右の手の意味合いとの関連性についても、この先、研究が進むと面白いと思います。

◎左右の手相に差がある人と同じ人

右手と左手の手相がほぼ同じ人もいれば、かなり違う人もいます。

左右の手相がほぼ同じ人は、正直で真面目で、ウソが下手なタイプの人です。心はひとつですから、嫌なものは嫌と言います。

大人になれば多少は、場の空気を読んで相手に合わせるようになりますが、本質は変わりません。言葉と心の中が一致しており、裏がないから、人として信用できます。

ただしこういう人は自分の考えに固執しがち。その分、キャパシティーが狭くなる傾向にあります。また人間関係においてやや不器用で、他人に合わせることが苦手な人もいます。

右と左が違う人は、心の中と言葉が一致しないタイプです。そう言うとネガティブにとらえられるかもしれませんが、人に合わせるのが上手なので、コミュニケーション能力があり、場の雰囲気をよくする力を持っています。演技力もあるので、浮気をしてもバレにくいようです。

私は地方に出張し、夜においしい食事がしたいなと思った時には、左右の手相が違う人に「この辺でどこかおいしいところはないですか」と聞くようにしています。「ありますよ」「ご案内します」と快く言ってくれるのは左右違う人。相手に合わせようとするので、面倒見がいいのです。

左右の手相が違う人は、営業やサービス業が向いています。相手に合わせてこちらにいい顔して「そーですよね」、あちらにも「そーですよね」と言えるので、誰も敵にしないのです。そのかわり、本人はストレスがたまります。

このように、左右の手相が同じ人には同じ人のよさがあり、違う人には違う人のよさがあるのです。

友人知人や家族の手相を見て、左右見比べてみると、「あぁ、なるほどね」と思うはず。こういう点も手相の面白さです。

◎手の出し方や大きさにも注目

この本を読むと自分の手相を見るだけではなく、人の手相も見たくなると思います。そんな時は、手の出し方や手の大きさにも注目してみてください。

たとえば手を出す際、指を大きく広げて相手から見てハの字形に出す人（P65①）と、指を揃えぎみにしてまっすぐ出す人（P65②）がいます。

手を広げて出す人は、自信もあり、自己肯定感が強い人。平気で大胆な行動を取るタイプです。まっすぐ出す人はバランスがよく、常識的です。

なかには、恐る恐る出す人がいます。実は男性に多いタイプで、なにを言われるのかと怖がっている表れです。様子を見て、話を聞いているうちに、だんだん手が広がっていく。ほっとするとリラックスするのでしょう。

手の大きさに関しては体との対比で見ます。体のわりに手が小さい人は、どちらかと言うと大胆です。逆に体のわりに手が大きい人には、用心深い傾向があります。

触った時、手が硬い人は堅実で、何をやるにも失敗しません。やわらかい人は、ロマンチストで浪費家です。ロマンチストだから、きれいなものを見るとつい買いたくなってしまうのです。

ちなみに人差し指がすごく長い人は、人を指図するのが好き。このように、手の出し方や大きさ、触った時の感触なども、手相の一部だと考えてください。

① 指を広げて出す人

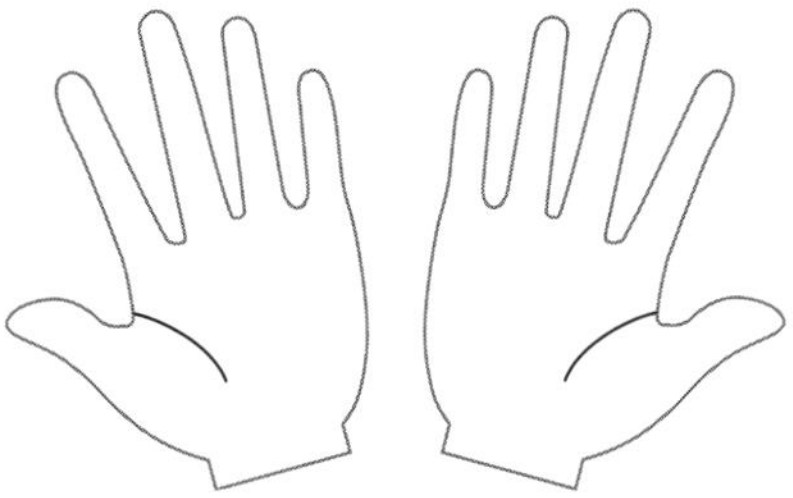

自信家、大胆な行動

② 指を揃えて出す人

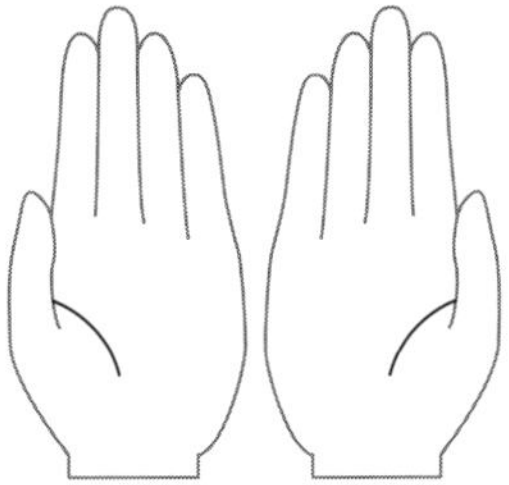

バランスよく常識的

◎自分の長所を伸ばし、短所をカバーする

世の中の森羅万象に、陰と陽があります。昼があれば、夜がある。太陽があれば、月がある。男が陽なら、女は陰。相対する二つのものが対になって、世の中はできています。

物事には必ず、いい面と悪い面があります。一見長所に見える性質も、場合によっては短所として働く場合もある。これも、陰陽の法則です。

先ほど見てきたように、左右の手相が同じか違うかという点についても、長所は短所でもあり、短所は長所でもあるのです。

右と左が違えば相手に合わせるのが得意なのでサービス業には向きますが、見方によっては信用できないということになる。調子はいいけれど、本音は違うところにあるかもしれないからです。

一方で左右の手相が同じ人は、調子よく人と合わせられないため、なかなか思

うように物事が進まないケースもあります。でも大器晩成型で、だんだん信用がついてきます。

体のわりに手が小さい人は大胆です。大胆だから、人にはできないようなことを実現させるという長所がありますが、考えなしに動くから失敗も多い。

逆に体のわりに手が大きい人は、とても用心深いため、思い切った行動を取るのは苦手です。そのかわり、器用な人が多いのも特徴です。手芸家やフラワーアレンジメントの先生などは、手が大きい人のほうが向いています。

生命線がすごく長い人や二重生命線がある人は、生命力が強く、エネルギーが大きい分、仕事もうまくいきます。そのかわり、身内の厄介事がすべて自分のところにやってくる。生命線が弱い人のところには、そういう厄介事は行きません。

このように、物事にはすべていい点、悪い点があります。手相を見て自分をよく知ると、長所を伸ばし、短所をカバーするためにも役立つのです。

コラム◎手相の歴史

手相からその人の人生を占うことは、4000～5000年くらい前に古代インドで始まったと言われています。その後、中国に伝わり、性格や運命を見る観相学のひとつとして体系化されていきました。

中国経由で日本に手相が入ってきたのは、平安時代頃。これが東洋手相の流れです。手相を見ることのできる人は、たとえばこの場所が赤くて斑が出ていると肝臓が悪いとか、病気も分かりました。現代のように科学的な検査ができなかった時代なので、宮廷や貴族の間では手相を占える人は重宝されたようです。

手相占いはインドから中東を経て、ヨーロッパにも伝わっていきました。古代ギリシャでも手相占いは盛んでしたし、旧約聖書にも、手相と関連していると思われる記述があります。たとえば「ヨブ記」には「神は人の子にその務めを知らせんと、その掌《たなごころ》毎にしるしを置かせ給う」とあります。これは、知能線のことでしょう。また「箴言《しんげん》」には「右手に長寿、左手には財と名誉あり」と書かれています。

ところが、カトリックが力を持つ時代になると、占いで未来を予測するのは教会の教えに反すると、弾圧されてしまいます。その間は、手相占いをしていたのはもっぱらロマ（ジプシー）の人たち。恋に悩む女性などが占ってもらったようです。

ヨーロッパで手相が復活したのは15世紀頃です。その後、上流階級で盛んに研究されるようになりました。

西洋手相は主にその人の心模様が分かるとされており、東洋手相は健康や運命が分かると言われていました。そこから研究が進み、未来を予測する学問として発展していったのです。

第2章

仕事で幸福になるには

○仕事は人生の要

人は仕事をしてお金を稼がないと生きてはいけません。自分に合った仕事と出会い、充実感や達成感があれば、幸福度も上がります。その結果、いい収入が得られるようになれば、より幸せな気持ちになるはずです。

仕事に関して、手相はいろいろと教えてくれます。たとえば、自分にはどんな職種が向いているのか。大手企業が向いているのか、小さな会社のほうが力を発揮できるのか。営業職が適しているのか、専門職がいいのか。

あるいは、組織の中でどういう立場でいると物事がうまくいくのか。起業して成功するのか、などです。

自分の資質や適性を知ることで、仕事に対する考え方が整理され、仕事がやりやすくなるはずです。また、無理をして合わない仕事をするストレスも減るでしょう。

転職するなら辞め時が大事

私のところには、仕事上の悩みを抱えている人が大勢きます。なかでも多いのが「今の仕事を辞めたい」という相談です。

人生は一度きり。本当に今の仕事がイヤなのだとしたら、辞めてもいいと思います。ただその場合、辞め時が大事です。運のいい時に辞めれば次の仕事につながるし、悪い時に辞めると次のいい仕事が見つかりません。ですから次の仕事につくために、時期を見てしばらく我慢したほうがいい場合もあります。それは離婚も一緒。「時期」がとても大事なのです。

では、いつ辞めるのがいいのか。おおよそのことは、手相が教えてくれます。ただ手相だけだと、残念ながら何月何日という日付までは出ません。そこで私は、相談にこられた方には手相に加えて生年月日で見る算命学でも鑑定し、より正確な転機の時期をお伝えするようにしています。

○まずは3年続けてみる

今、「イヤなら辞めてもいい」と言いましたが、日本には「石の上にも三年」というい言葉があります。とくに学校を卒業して最初に就職した先では、できれば3年は我慢してほしいと思います。

社会とはどんなものなのか。仕事をするとは、どういうことか。それが心身にしっかり染みるだけでも、3年はかかります。それができないうちに辞めてしまい、いろいろな職場をウロウロすると、だんだん運は下がることが多いのです。だから、とりあえず就職したら3年やってみるのが大事だと思います。

最近は、新卒で就職して3年以内に辞める人が3割もいるそうです。でも、イヤだと思っても3年がんばると、次につながる場合が多いのも確かです。

まずは3ヵ月やってみる。3ヵ月できたら1年。1年できたら2年。そして3年経てば、かなりのものが身につきます。

◎どんな仕事でも好きになる

　基本的に私は、「給料をいただいている以上は、ちゃんと働きなさい」とアドバイスしています。日給がたとえ4000円だったとしても、時には「あなたは4000円に見合った仕事をしていますか？　私だったらあなたに4000円、払いませんよ」と厳しい言葉をかけたりします。そのくらい、お金を払ってもらうことに対して、真摯にならなくてはいけないのです。

「今の仕事が面白くない」と不満を言う人には、「なんとかその仕事を好きになりなさい」と言います。お金をいただくためには、その仕事を好きになるのが第一です。同じ仕事も、文句を言わないでやればだんだん楽しくなってくる。自分なりに工夫できれば、もっと楽しくなる。楽しくなれば顔つきがよくなり、人望も厚くなる。それができないなら、どんな職場に行ってもあなたは不平を言うに違いない――男の人には、あえてそのくらい厳しく言う場合があります。

もちろんなかにはブラック企業もあるし、自分の持って生まれた資質と相反する仕事をしている人もいるでしょう。そのせいでストレスをためて病気になっては元も子もありません。ですから、「仕事を好きになる努力をしてみて、それでもどうしてもダメだったら、その時もう一度いらっしゃい。一緒に解決策を考えましょう」と提案します。手相をよく見て、自分にはどんな仕事が合うのかを把握することも大事でしょう。

女性には、もっとやさしい言葉をかけます。たとえば、「そんな上司がいたらイヤよね。分かった、その上司がダメになる時を教えてあげる」とか、「何歳の時にそこを辞めるといい」とか――。女性は社会的に男性より弱いので、職場でパワハラやセクハラも受けやすい立場と言えます。そのうえ結婚したら子どもを産み、育児をするなど負担が大きいので、できるだけフォローしてあげたくなるのです。

◎一番の悩みは人間関係

「仕事を辞めたいんです」と相談にくる人のほとんどが、その理由として職場の人間関係をあげています。人間関係はイヤだけど、今の仕事そのものが嫌いなわけではないと言う人も少なくありません。

仲良しグループではないのだから、気の合う人だけが集まるなんてことは絶対にありえません。どんな職場に行っても、合わない人やイジワルな人がいるし、人間関係の悩みが皆無ということはまずないと思うべきです。ですから、給料が安い、仕事がつまらない、人間関係もよくない、通勤距離も遠いなど、理由が4つも5つもあるのなら辞めたらいい。でも、たとえば仲間がやさしいとか、ひとつでもいい点があれば、早まらないでほしいと思います。

とまぁ、ちょっと厳しいことを言いましたが、ここから具体的に、仕事と関連する手相の見方についてご説明します。

どんな仕事が合うのかは知能線の終点で見る

仕事の適性は、知能線で見ます。知能線でその人の性格が分かると同時に、どんな才能があるのかも分かるのです。見るのは、知能線の終点の場所です。終点が上であればあるほど現実的な考えの持ち主で、下に行けばいくほど空想的な考え方をします。終点の位置によって、大きく5つのタイプがあります。

①知能線が真横に伸び小指のすぐ下で終わっている――投資家や起業家向き

現実的で、自分がお金儲けできれば、世の中のことは二の次と思いがち。投資家として成功している人に多い手相で、起業家にも向いています。

②知能線が横に向かってほぼまっすぐ――実務的な専門職向き

1+1=2といった具合に、現実的な答えが出ないと納得しないタイプ。理系

知能線の終点の位置

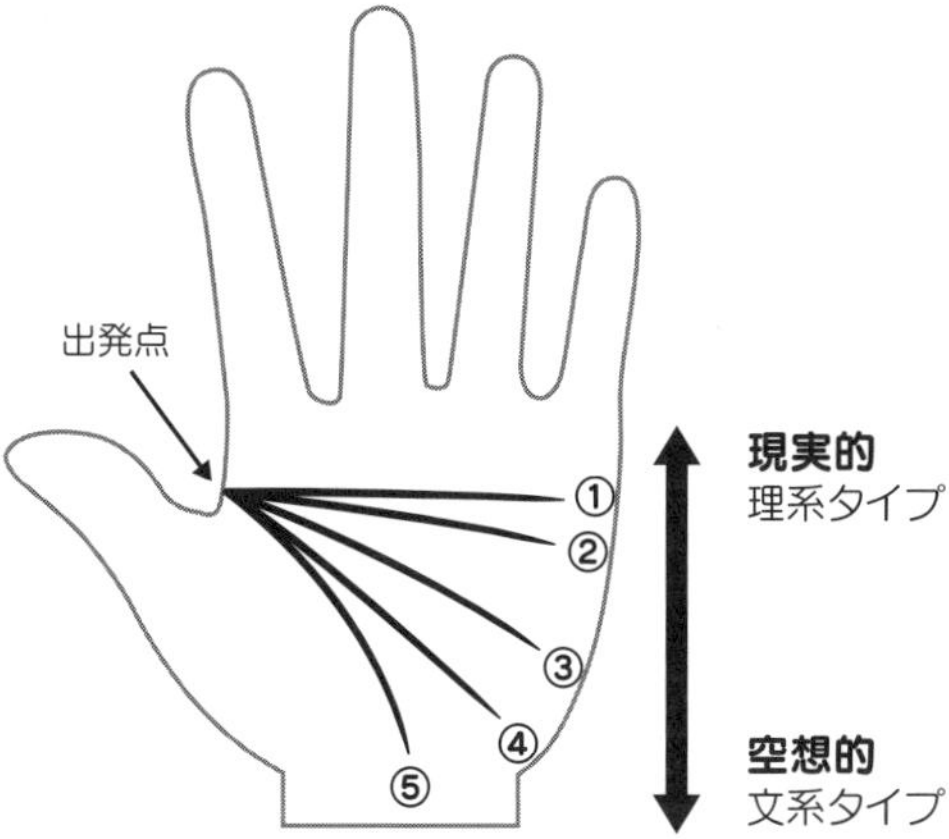

の人が多く、医者や税理士、会計士、建築士、司法書士など、国家試験等の資格が必要な専門職に向いています。

③知能線がやや下に向かっている――組織の中で活躍

常識的で人の好き嫌いがなく、管理・指導能力に長けているタイプ。バランスが取れているので、サラリーマンに向いています。運命線をあわせて見ることで、出世するかどうかが分かります。

④知能線が斜め45度くらいに下がっている——クリエイティブな職業向き

発想力や創造力が豊かで、無から有を引き出し、新しいことを考えるのが得意。デザイナーやスタイリスト、コピーライター、ヘアメイク、カメラマン、インテリアコーディネーターなど、横文字の仕事が合っています。

⑤知能線が手首に向かって下に降りている——芸術家や占い師向き

独特な感性の持ち主で、浮世離れしているところがあり、創造力や空想力が豊富。自分の好きなものに対してこだわりがあるため、画家や詩人、作家に多いタイプですが、お金の計算は苦手です。

この5種類以外に、知能線がほぼ生命線に沿っている人もいます。これは、オタクと言われる人に多いタイプ。パソコン作成やプログラミングが得意な人や、マンガやアニメのオタクなど独特の感性を持っている人に、この線がよく見られます。

ひとつの職場を例にあげても、終点の位置によってどの部署が向いているか変わります。たとえばスーパーマーケットを例にあげてみましょう。

①の人は起業する、あるいは店のオーナー。

②の人は経理やレジ。

③の人は社員の立場で店長。

④の人は手書きPOPやディスプレイなど。たとえば、今日は寒いから鍋物に誘導するよう、野菜をこんなふうに並べたらいいといったことを考える力があります。

⑤の人は残念ながら、スーパーマーケットでは浮いてしまいそうです。

〈それぞれのタイプへのアドバイス〉

今見てきた5つのタイプには、それぞれ長所短所があります。タイプ別に、こうすればより仕事がうまくいくというポイントは次のとおりです。

①知能線が真横に伸び小指のすぐ下で終わっている

常に利益優先で、現実的すぎるきらいがあります。もう少し愛情を持って人に接することで、人望を得て、より成功するはずです。

②知能線が横に向かってほぼまっすぐ

頭脳明晰《めいせき》で実務能力に優れていますが、理論的になりすぎるきらいも。お客様に対しても、同僚に対しても、理屈だけが通るわけではありません。情も大切に。また、仕事というのは、計算が合えばいいというものではありません。みんなに理解してもらえるには、どう伝えたらいいかなど、工夫も必要です。

③知能線がやや下に向かっている

融通が利き過ぎるため、妥協的で、優柔不断になりやすい面も持っています。そのため、「自分の意見がない人」と思われることも。時には主体性を持ち、自分の考えていることを自信を持って通してみましょう。

④知能線が斜め45度くらいに下がっている

持ち前のクリエイティビティを活かすには、現実的な計算も必要です。会社勤めをしているなら、この仕事は会社にとってどのくらい利益を出すかなど、現実的な思考も大事に。

⑤知能線が手首に向かって下に降りている

現実離れし、自分の夢の世界に入ってしまいがち。個性的であることは魅力でもありますが、あまりに周囲から浮いてしまうと共感を得られず、収入を得るのも難しくなります。現実を見ることも、多少意識してください。

○知能線の出発点で分かること

①知能線が生命線より上のほうから出ている――リーダー向き

このタイプの人は、積極的で行動力があり、頭を押さえられることを嫌います。リーダーになると力を発揮します。

飲食業や接客業などでこの線の人には、私は「あなた、がんばって店長を目指しなさい。下の立場にいるから、不平不満が出るのよ。だから文句を言わないで、よーく今の店長を見て、自分が店長になったらこうしようと考えておきなさいね」とアドバイスします。

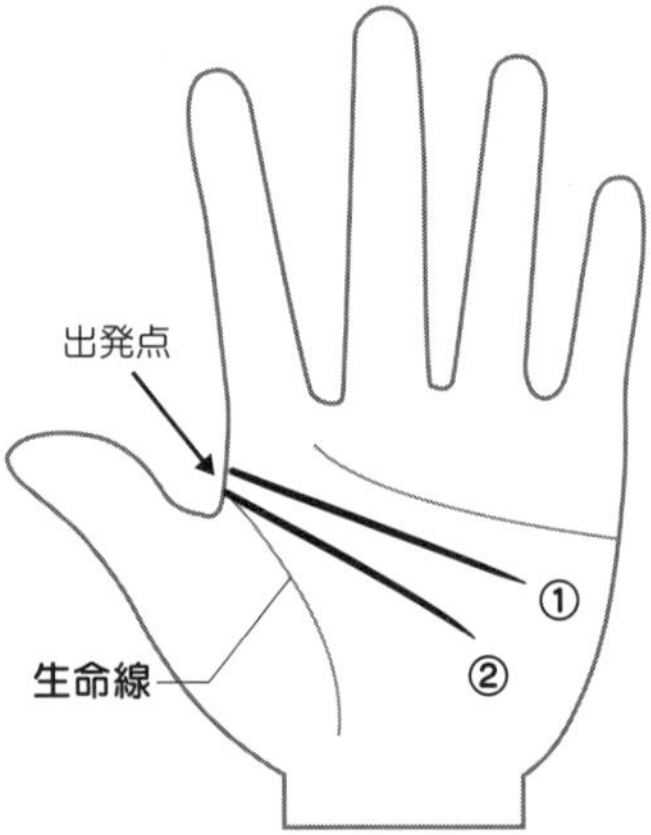

②知能線が生命線上から出ている――バランス重視

このタイプの人は、考えながら行動し、堅実でバランス感覚がすぐれています。そのためプロジェクトチームやグループ内の意見をまとめ、調整する役が向いています。周囲の空気を読む力もあるので、失敗は少ないのですが、保守的で妥協的になりやすい面があります。

◎運命線から分かること

知能線と並んで仕事に関して大きくかかわっているのが運命線です。運命線からは、仕事運や人生の転機、開運時期などが分かります。

まず、線の太さからは、その人に向いた役割が分かります。

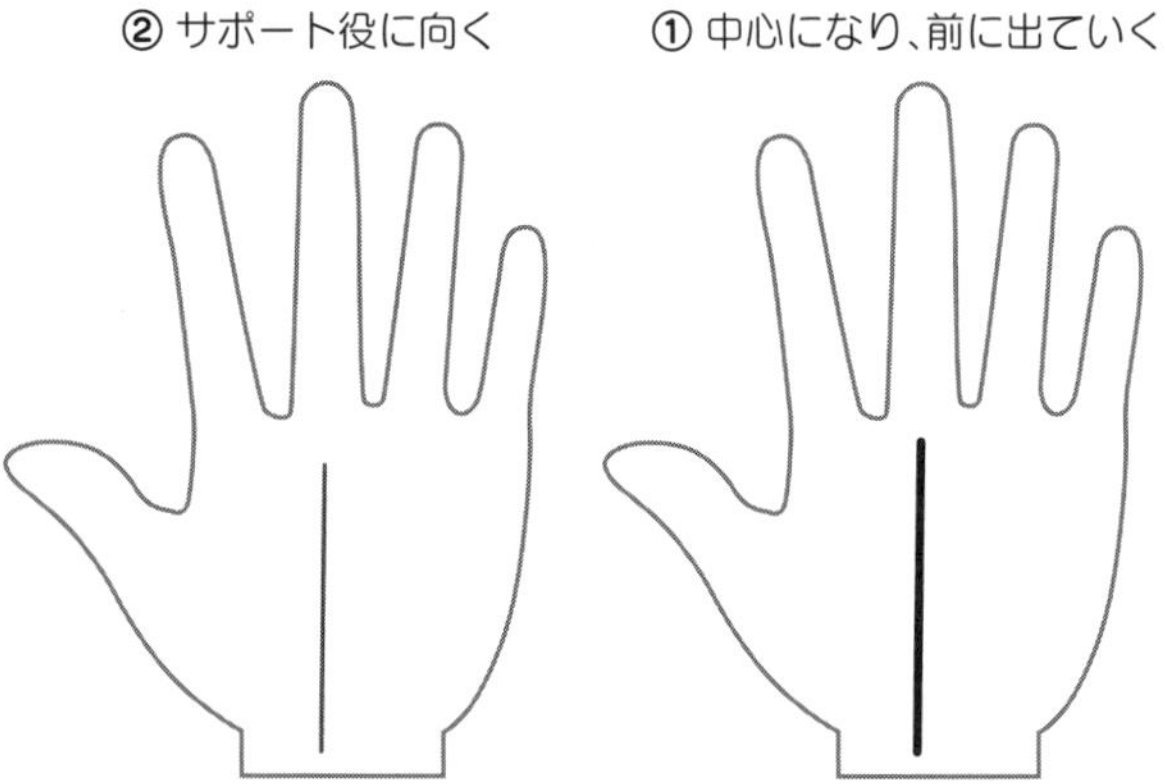

① 中心になり、前に出ていく
② サポート役に向く

①運命線が太くてしっかりしている
――自分が中心になる

意志も運も強く、主役になるタイプ。人を使う立場が向いています。サラリーマンの方も、こういう線の場合は出世を望めます。

②運命線が細くて薄い、あるいは線がない
――他人のサポート役

他人をサポートすることが向く脇役タイプ。人を支える立場のほうが自分の能力を活かせます。政治の世界でも、秘書向き。将来、自分が政治家になろうという野心を持っても、なかなかうまくいきません。

〈それぞれのタイプへのアドバイス〉

①運命線が太くてしっかりしている

意志が強いため、自分中心になりがちで、人の言うことを聞かない面もあります。サポートしてくれる人の忠告は、素直に聞きましょう。

上に立つ立場になったほうが力を発揮するので、あえて出世競争の激しい大企業に行かず、小さな会社で上を狙うという方法もあります。

②運命線が細くて薄い、あるいは線がない

徹底的なサポート役というのも、ある意味、とても重要な役目です。あなたが支え続けて上の人が偉くなったら、必然的にあなたも上に行けます。そういう生き方が向いています。上の人に取って代わろうという野心を抱くと、失敗します。

◎船頭と支える人、両方が必要

職場のプロジェクトチームにせよ、たとえばバンド活動などにせよ、メンバーの組み合わせが大事。運命線の勢いが強い人ばかり集まると、お互い自己主張が強くて譲らないため、物事が円滑に進みません。「船頭多くして船山に上る」ということわざどおり、仕事もバンド活動も場合によっては決裂し、頓挫してしまいます。

勢いのある強い運命線を持っている人は、側に線が薄い人をおいたほうが、サポートをしてもらえてうまくいきます。

線が薄い人は、運命線の強い人と組んで自分は脇役にまわることでチーム全体が発展し、結果的に自分自身の成功にもつながります。いわゆる「縁の下の力持ち」として力を発揮するので、どうせ一緒に仕事をするなら、運が強い人と組んだほうが得です。

手相を見て、自分に合った役割を果たすことが、幸福への近道です。

◎複数の運命線がある人

1本、すーっと通っている運命線ではなく、複数の線がある人がいます。線の入り方で、タイプが違います。

①運命線が切れ切れになって何本もある——転職でキャリアアップも

こういう手相の人は仕事を転々と変えます。以前は、仕事を転々とするのはあまりいいことではないとされていましたが、時代が変わりました。今日のようにヘッドハンティングされてどんどんキャリアアップする人にも、こういう線が現れます。

ただ、あまりかけ離れた職種に転職すると、うまくいかない場合も。たとえば

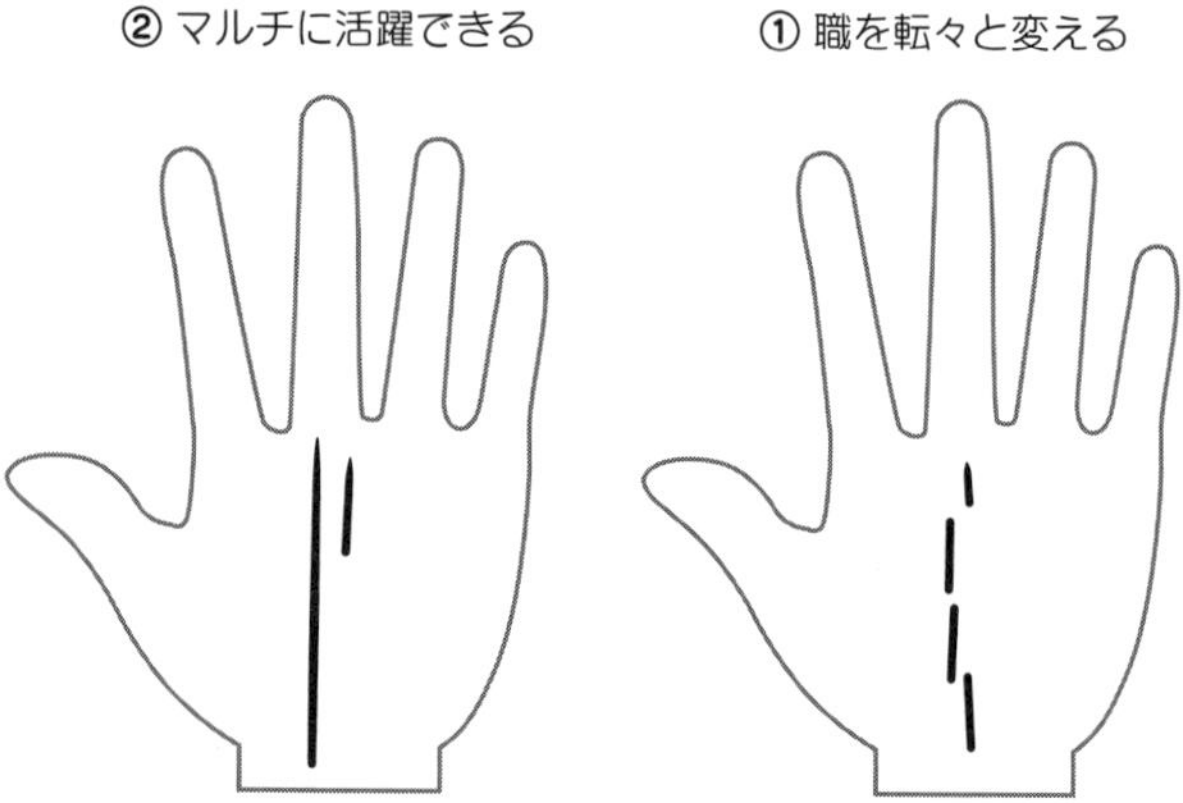

① 職を転々と変える
② マルチに活躍できる

壁紙の会社で働きながらインテリアコーディネーターを目指すなど、関連する仕事の中で動いたほうがリスクを防げます。また飽きっぽい面があるので、時には腰を据えて何かに取り組むことも大事です。

②運命性が並行して2本ある ——マルチな活躍も夢ではない

運命線が並行して複数本走っている人がいます。こういう人は、好奇心旺盛で器用なタイプ。2本ある人は2つの分野で活躍でき、3本以上あるといくつかの分野の仕事を掛け持ちできます。

ただし気をつけないと、器用貧乏になる可能性も。それぞれが中途半端にならないよう、どれかひとつに重きをおいて収入の軸にするなど、自分なりにライフプランを立てることが成功の秘訣です。

◎転職の時期は流年法で見る

私は転職に関する相談をされたら、まずその人に今の仕事が合っているかどうか、知能線で確認します。これは無理だなと思えば「辞めたほうがいいわね」「次はこういう仕事がいいわよ」とアドバイスします。

転職を考えている場合、一番大事なのは時期です。いつ転職するのがいいのかは、運命線の流れを見ます。これを流年法と言います。

運命線には、だいたいこのあたりが何歳という目安があります。また運命線は動きやすい線で、状況が変われば動いていきます。

運命線がずれて隙間が出ている時は、変わり時。たった1ミリか2ミリですが、そういう時期がくると、運命線はずれていきます。ずれた線が重なっている場合は、2年くらい前から転職を考えていたことが分かります。もし運命線がまっすぐ上がっていれば、今は仕事を続けたほうがいいと判断します。

流年法で見る年齢の目安

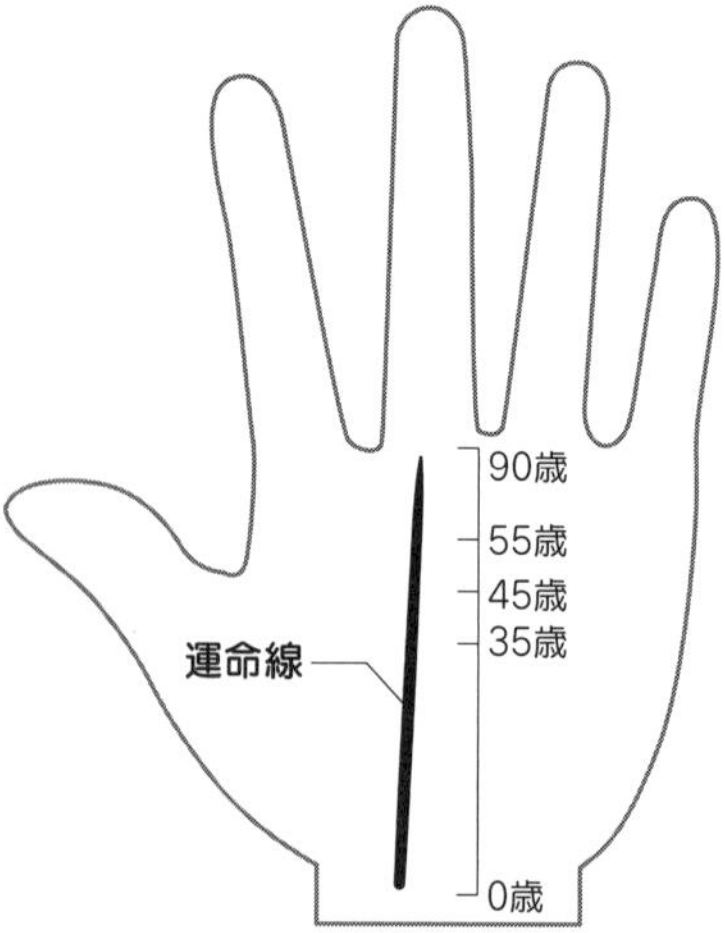

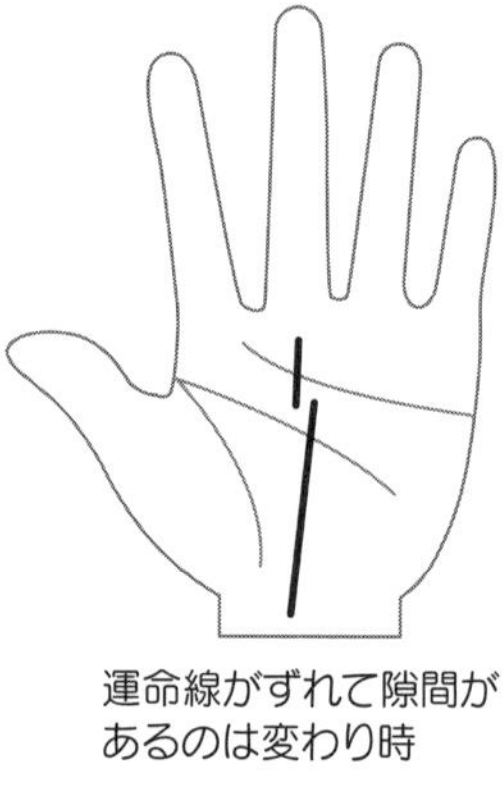

運命線がずれて隙間が
あるのは変わり時

◎独立を考えるなら動きの大きさを見る

運命線が大きく動けば人生が大きく変わり、ほとんど動きがない場合は、現状維持したほうがいいと考えていいでしょう。

先日、私のところにきた男性は、ちょうど50歳くらいの場所で線が大きく動いていました。しかも、その先の運命線がすごく強いのです。そこで「50歳になったら、なにか違うことをやりたいんですか?」と聞いてみたところ、「ラーメン屋を始めるのが夢です」という答えが返ってきました。

私は、「あなた、やったほうがいいわよ。勤め人じゃなくて、自営業者が向いているわ」とアドバイスしたら、すごく喜んでいました。たぶん彼は今、夢に向かって一所懸命に研究をしていると思います。

そんなふうに線は未来を予測し、人生を教えてくれるのです。

◎運命線で転機が分かる

運命線は、その人の状況や思いによって変わっていきます。運命線が薄くて細い人も、自分が中心となって活躍したいと強く願い、努力をすると、線が濃く太くなっていきます。

女性の場合、本当はずっと第一線で活躍したかったのに、子どもが小さい頃は仕事をセーブして補佐的な役割にまわらざるを得なかった人もいるはずです。でも子どもの手が離れ、もっとやりがいを求めたい、以前のように第一線で活躍したいと思うようになると、自然と運命線が濃くなってきます。その場合は望むような仕事をすることで満足感が得られ、幸福感が増します。

逆のケースもあります。たとえば野球選手の運命線を見ると、この人はだいたいこの年齢で現役を辞めるなというのがすぐ分かります。実際にプレーするのか、選手から退いてコーチになるかでは、まったく立場が違います。運命線から辞め時を知り、次の舞台に移ったほうが、運が開けます。

◎発想を変えて転職を思いとどまる

銀行勤めをしている女性から、仕事が合わないので辞めようか迷っていると相談を受けたことがあります。手相を見たところ、知能線が手首のほうに向かって下がっています。この方は感性を生かした仕事が向いているので、銀行は本来、合わない職場です。ただしお給料は悪くないので、もし転職してお給料が下がったら家賃が払えなくなる。だからどうしたらいいのか分からないと言うのです。

そこで私は、「平日はがんばって働き、週末に絵を描くなり音楽を楽しむなど、自分のやりたいことをしてみたら？　会社で働くのは、自分の感性を磨くお金を稼ぐため。そう割り切ったらいいですよ」とアドバイスしました。

結局その方は銀行を辞めずに、ビオラを習い始めました。しばらくして私のところにきて、今はとても幸せで楽しい、辞めなくてよかったと言っていました。
このように手相を理解した上で発想の幅を広げると、生きるのがラクになります。

第3章

いい恋愛、いい結婚で幸せになる

○恋愛と結婚は違う

私のところに来る女性の大半は、恋愛や結婚の悩み相談です。とくにシングルの女性は、まず「いい出会いがあるでしょうか」と聞き、その次に「結婚できますか」と私に尋ねます。

ここで申し上げておきたいのは、恋愛と結婚は別物だということです。いくら出会いがあり、恋愛をしても、結婚に進まない場合もあります。また恋愛相手としてはよくても、結婚となると相性がよくない組み合わせもあります。

恋愛のタイプや、愛情のエネルギー、相性などは感情線で見ます。また、出会いがあるか、結婚の時期などは、感情線の上にある結婚線という補助線で見ます。小指の付け根と感情線の間に結婚線が出ていれば、出会いはあります。感情線に近いほうが、時期が早いでしょう。右手と左手を合わせて、結婚線がピタッと合えば、結婚に進みます。合わない場合は、その出会いは結婚には結びつきません。

結婚線

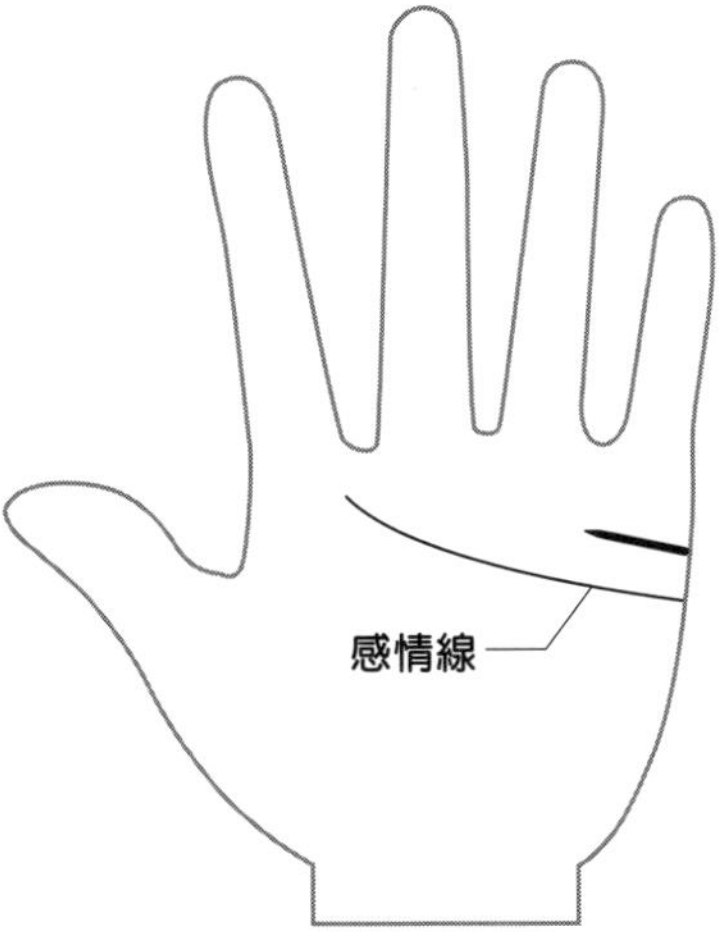

結婚線が出ていれば、出会いのチャンスがある

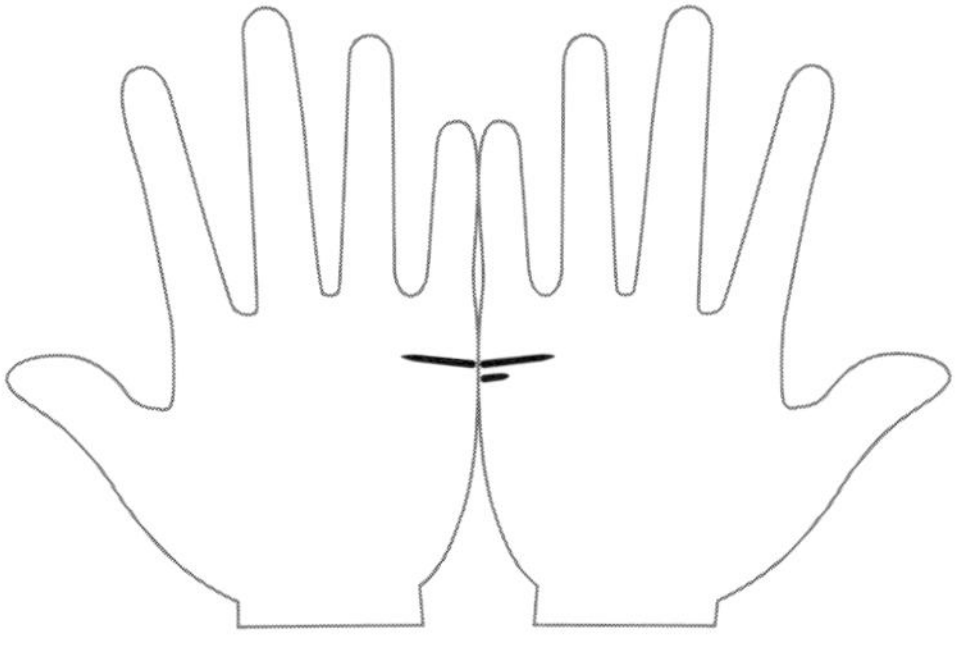

左右がぴったり合えば、結婚へと進む

◎感情線の終点で、まず自分の愛情の出し方を知る

いい出会いや、幸せな結婚を望むなら、まず自分の愛情の出し方のタイプを知ることが大事です。愛情の出し方は感情線の終点に現れます（図はＰ１０２）。

①感情線の終点が人差し指と中指の間――家族愛が強い

家庭をとても大事にするタイプ。女性であれば良妻賢母、男性であればよくマイホームパパになるタイプです。ただ「自分の家庭さえよければそれでいい」と思うあまり、友人が少なくなりがちです。

②感情線の終点が人差し指の真ん中より少し中指寄り――一途に尽くす

見返りを求めずに、献身的に相手に尽くすタイプ。相手が要求することをなんでもしたくなり、親切に面倒をよく見ます。ただ時々周囲が見えなくなり、自分

の愛情や行為に酔ってしまう傾向があります。

③感情線の終点が人差し指の真ん中――理想が高い

理想が高く自分の好みの異性でないと満足しないタイプ。女性はイケメンで、男性は美人やかわいい女性が好き。また、容姿以外にも仕事の能力、知的レベル、収入、美的センスなど多くを望みがち。自分も努力し、相手にも努力して成長することを望みます。ただ理想が高すぎて、なかなか結婚できない場合もあります。

④感情線がまっすぐ伸びている――独占欲が強い

まさに線のとおり、「直線的で強い」感情を持っています。強く激しい愛情の持ち主で、独占欲が強いタイプ。相手をひたむきに愛するあまり、相手の気持ちを顧みないところがあります。またついつい嫉妬深くなり、度を越すとストーカーになることもあります。

感情線の終点で分かる愛情のタイプ

① 家族愛が強い

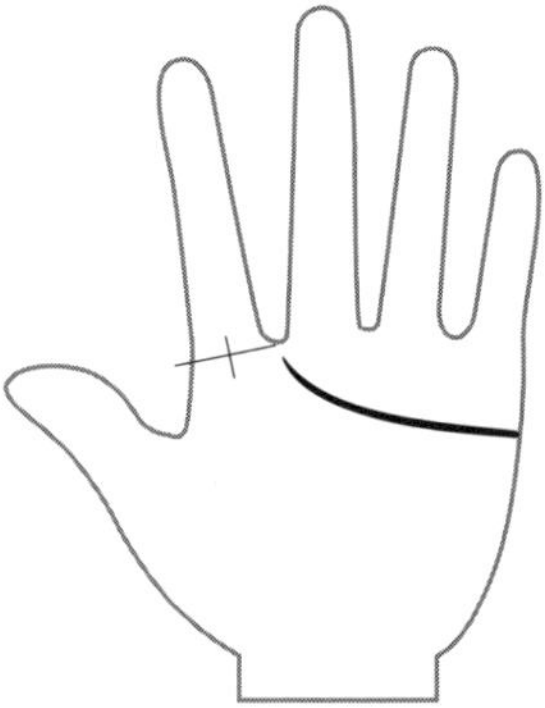

② 一途に尽くす

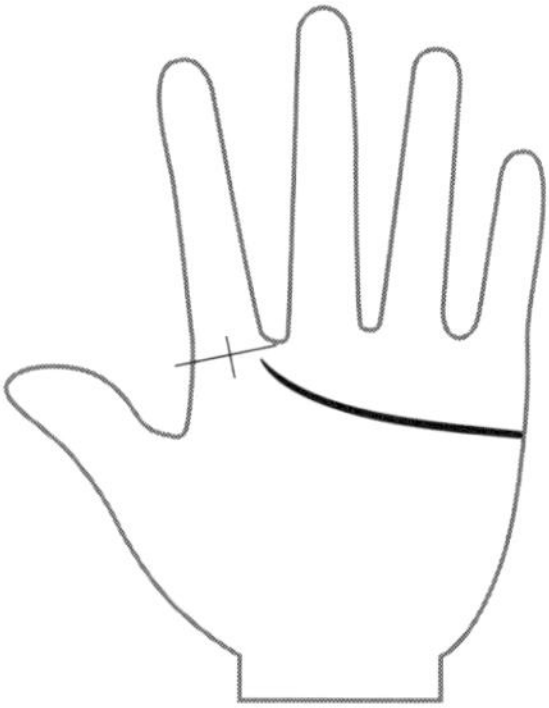

③ 理想が高い

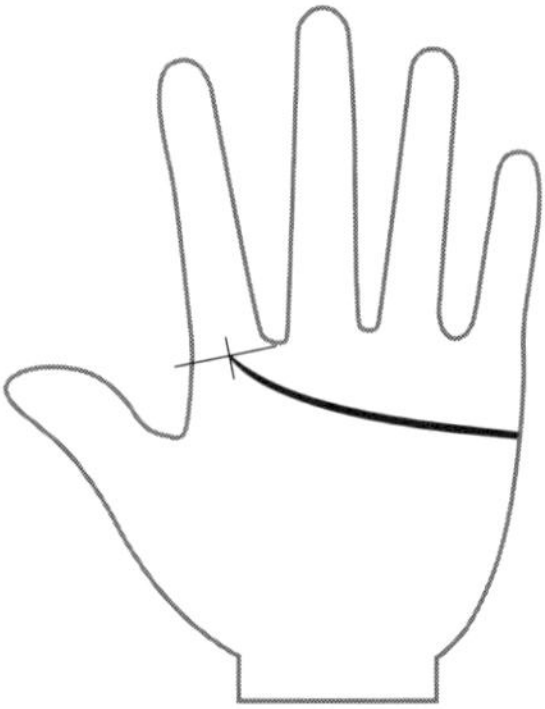

④ 独占欲が強い

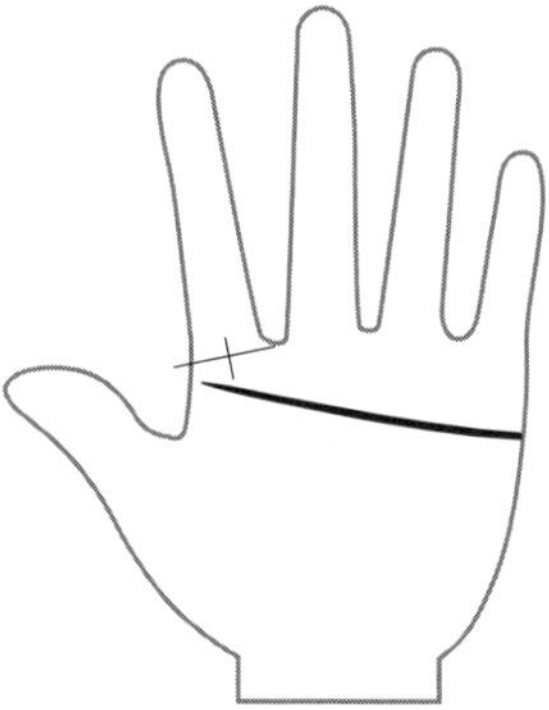

〈それぞれのタイプへのアドバイス〉

愛情の出し方のタイプによって、どんな相手がいいかも変わってきます。また、おつきあいする上で注意したほうがいい点も、タイプによって異なります。ここではそれぞれのタイプ別に、恋愛がうまくいくためには何に気をつけたらいいのか、アドバイスします。

①感情線の終点が人差し指と中指の間――家族愛が強い

家庭を持つことが向いているので、結婚に結びつく相手を選んで恋愛をしたほうがいいでしょう。男性の場合は、キャリアウーマン風の女性やフェロモン系の女性ではなく、家庭的な女性を選ぶように。女性は、出世したいという野心がある男性より、子どもが生まれたら進んでオムツを取り替えるような人を選びましょう。

②感情線の終点が人差し指の真ん中より少し中指寄り――一途に尽くす

尽くし過ぎると、相手が調子に乗ってしまいます。その結果、裏切られることもあります。また、この線の人は相手に貢いでしまいがち。だまされないように気をつけ、尽くすのはほどほどにしましょう。

③感情線の終点が人差し指の真ん中――理想が高い

相手に理想を求めるあまり、だらしなくしていたらつい叱責してしまうなど、相手に対して厳しくなりがちです。同じタイプの人どうしならいいのですが、そうではない場合、あまり厳しくすると相手は安らぎが得られません。要求に応えることに疲れて去っていくケースもあるので注意しましょう。

④感情線がまっすぐ伸びている――独占欲が強い

執着心が強く、相手を束縛しがち。恋愛初期の頃は、相手もその情熱に感激するでしょう。でも相手の動きを知りたくて一日に何度もメールやLINEを送ったり、今何しているのか問いただしたりすると、うるさがられて嫌われます。自分の感情をコントロールし、ほどほどにとどめる冷静さを養いましょう。

◎相手に何を求めるか

愛情とお金についての考え方は、感情線の出発点で分かります。

まずは小指の付け根から手首の付け根までを四等分してみましょう。そして上から4分の1より上か、下かでどのタイプかを判断します（P106）。

①4分の1より上から出発している——愛情を物質で測る

愛情の深さを物質で測るタイプ。どのくらい自分にお金をかけてくれるかを重要視します。女性の場合、夫に財力さえあれば、多少浮気してても目をつぶる。その代わりバッとして30万円もらう、といったしたたかさもあります。

②4分の1より下から出発している――愛情を精神に求める

お金より精神的な愛情を感じて満足するタイプ。愛さえあれば満足し、金銭的なことに無頓着なので、経済力のない相手のせいでお金に苦労する場合もあります。

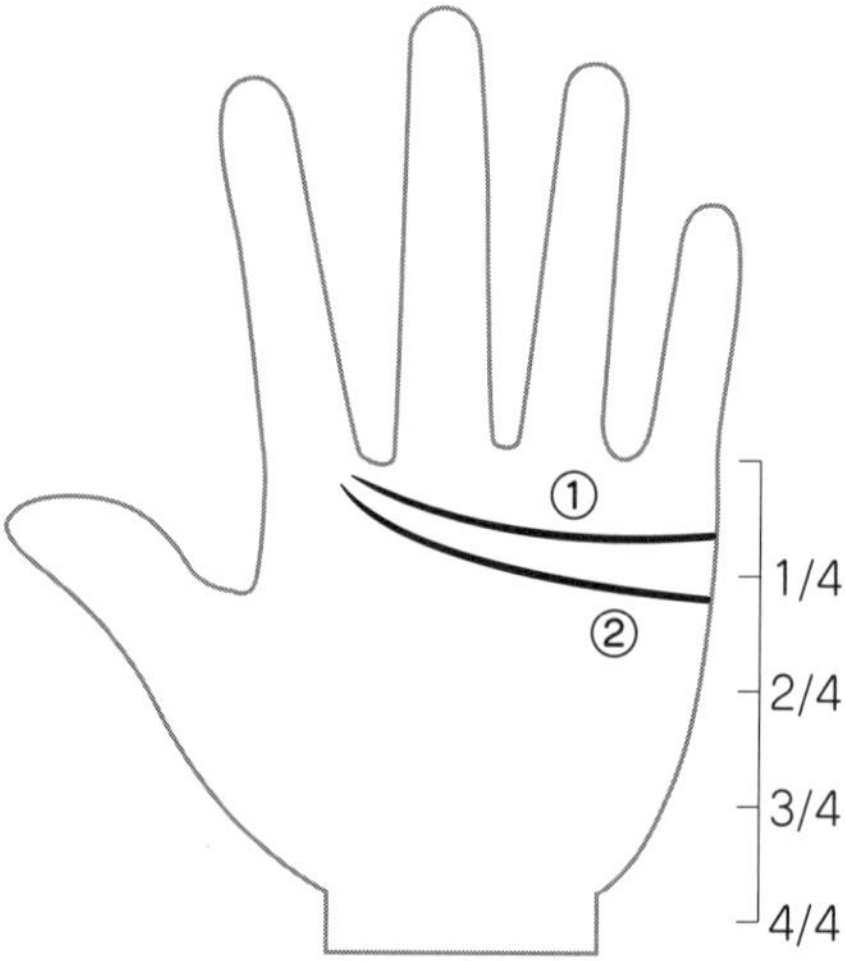

① 愛情よりお金
② お金より愛情

◎愛情もお金もほしい

この図のように感情線の出発点近くが小指に向けてふくらみ、全体が波打っている人がいます。

このタイプの人は、精神的な愛情もお金もどちらもほしいという欲張り。現実的でお金に対する意識がはっきりしており、愛情を保つためにお金が必要だと考えています。打算的だと思われることもあるので、あまりあからさまにお金への執着を出さないよう、言動に注意しましょう。

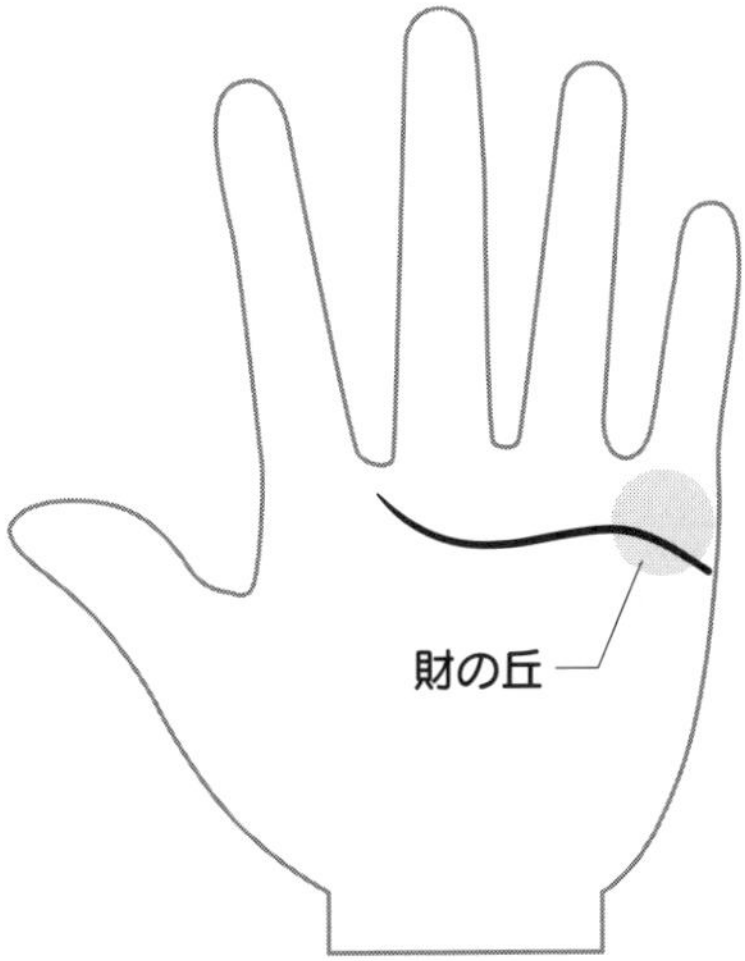

愛情もお金も

◎結婚の時期

結婚の時期は、補助線の結婚線で見ます。結婚線は、小指の付け根と感情線の間から出発して、横に伸びる線です。

感情線を20歳、小指の付け根を70歳と考え、その間のどのあたりから線が出ているかで結婚の時期が分かります。ちょうど真ん中が27歳とされていますが、最近は結婚の平均年齢が上がっているので、真ん中を30歳前後と考えたほうが現実的です。

結婚線は好きな人がいると濃くなり、男女の関係になると赤くなり、ピカピカ光ってきます。

結婚線の出発点で分かる
結婚のタイミング

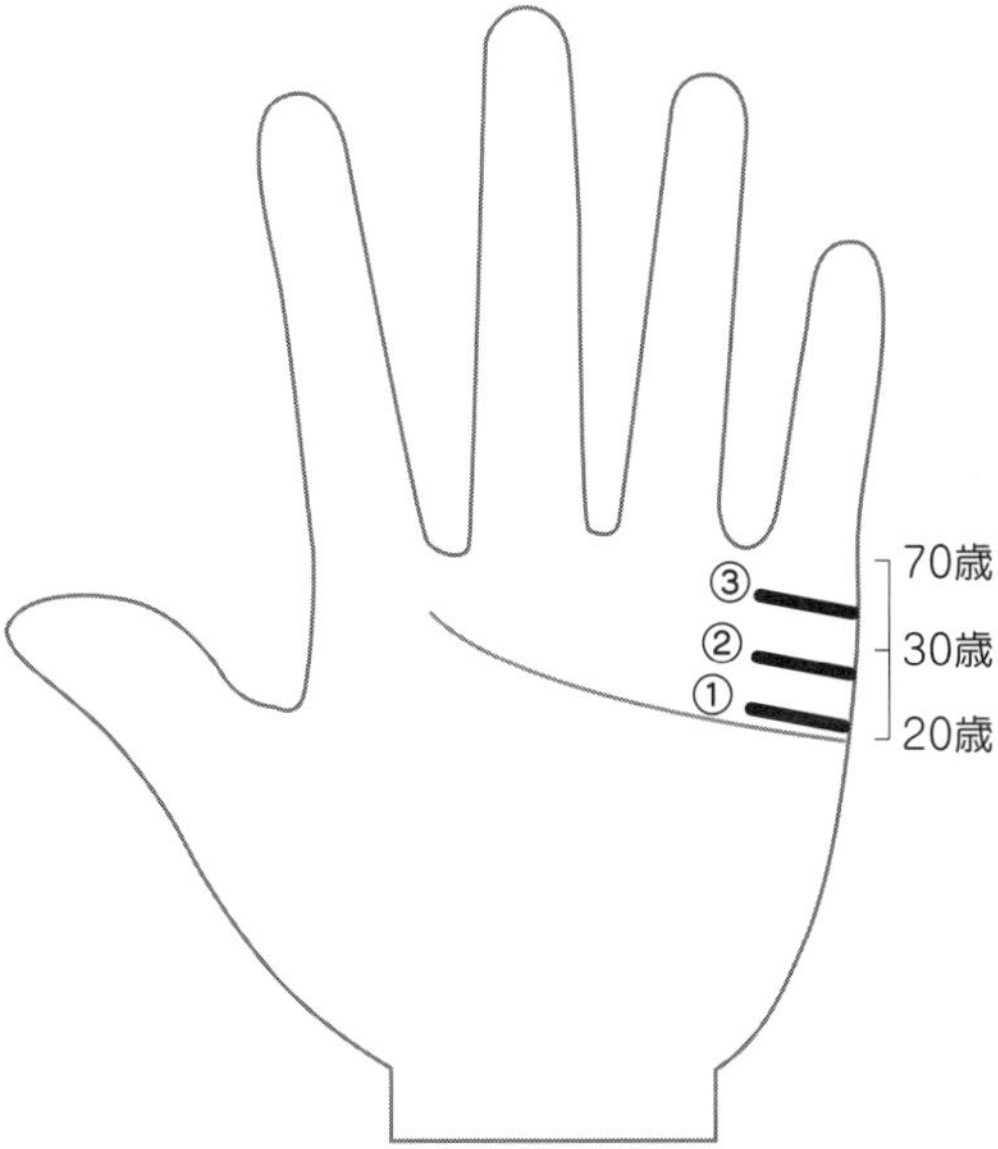

① 早婚タイプ。20歳前後で結婚するほうがよい。
② 適齢期(30歳前後)で結婚するほうがよい。
③ 晩婚タイプ。焦らずよく考えて結婚するほうがよい。

結婚線は、感情線と小指の付け根の間のどの部分から出ているかを見ることで、最適な結婚のタイミングが分かる。感情線に近いほど早婚、小指側だと晩婚。

◎結婚線の種類から分かること

結婚線からは、結婚の時期以外にも、結婚に関する運やその人が結婚に何を望むかが分かります（図はＰ１１２）。

①結婚線が何本もある――出会いのチャンスが多い

細い線や太い線など横線が何本もある人は、異性との出会いのチャンスに恵まれ、結婚できるチャンスも多い人です。ただ惚れっぽくて飽きっぽい面があり、目移りしやすい面もあります。幸せな結婚をしたいなら、自分のそういう性質を自覚し、時には自制することが大切です。

②結婚線がない――結婚願望が薄い

結婚線がないか薄くてはっきり確認できない人は、結婚願望が薄く、結婚への憧れが弱い人。仕事を含め現状に満足している場合も多く、無理して結婚しなくてもいいと考えています。結婚願望が出てきたら、線も出てきます。

③結婚線が長い——玉の輿《こし》運がある

どちらかと言うと、男性より女性に出やすい線。結婚線の終点が薬指の下の人気の丘に向かって伸びている人は、資産家や有名人、経済的に恵まれた人と結婚できるチャンスがあります。結婚によってそれまでとは生活の環境が大きく変わる場合は、順応できるよう努力することで、安定した結婚生活を送れます。

④結婚線の終点が上に向かってカーブしている——経済力が一番

これも女性に出ることが多い線で、なによりお金が大事。「貧乏人は嫌い？」と聞くと「大っ嫌い！」という答えが返ってきます。経済力がない人と結婚すると、そのうち不満が出ます。逆に資産家となら、さほど愛情がなくてもうまくや

結婚線の種類

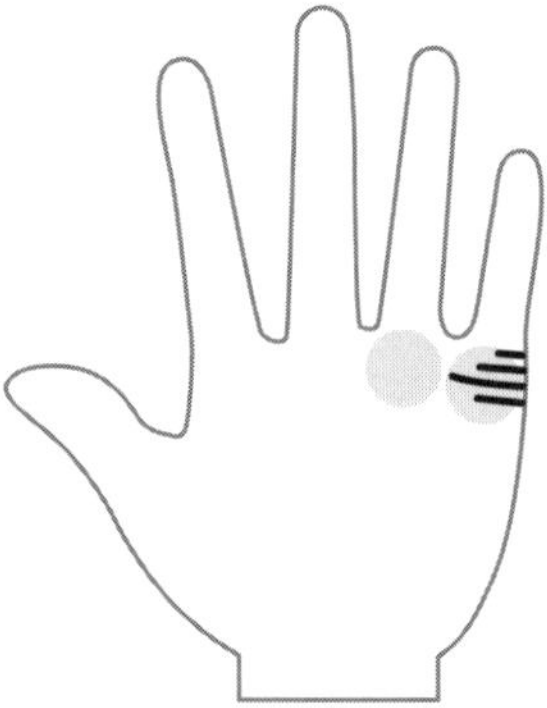
① 結婚のチャンスが多い

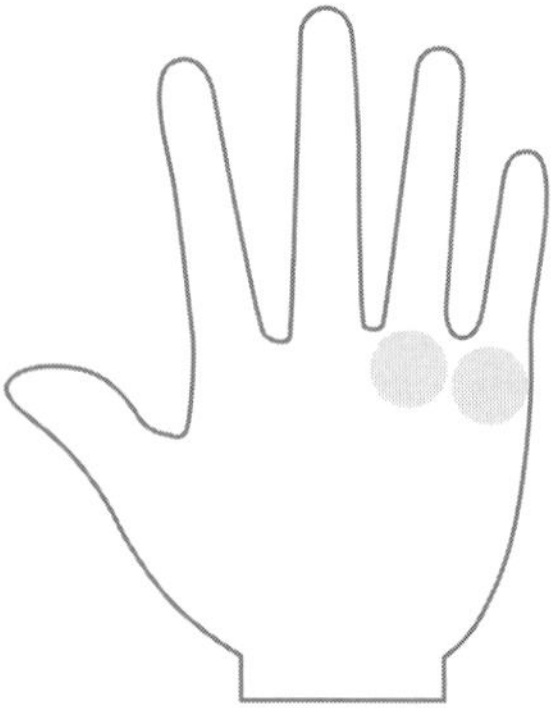
② 結婚への憧れが弱い

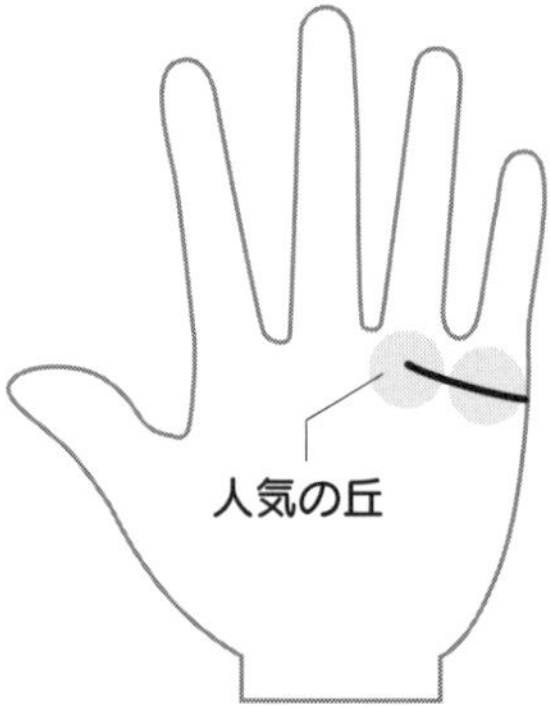

③ 玉の輿にのれる

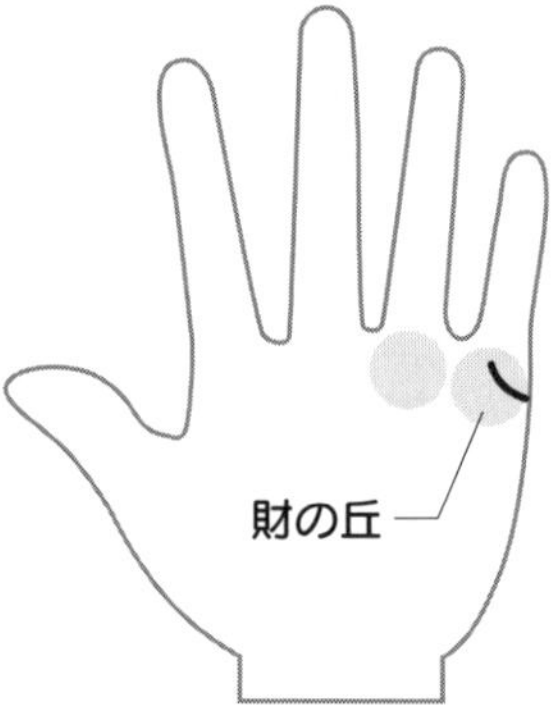

④ 何よりお金が一番

っていけます。こういう線の人から「結婚したい」と相談されたら、「あなたは何歳くらいで出会いがあるから、経済力がある人だったら容姿には目をつぶり、結婚したほうがいい」とアドバイスします。

あとは自分で稼いで生活レベルを上げていくことです。

◎相性のよしあしは知能線も参考に

すでに交際相手がいる場合、今つきあっている人と結婚したほうがいいのか。プロポーズされているけれどイエスと答えていいのかどうか、といった相談が多いです。私たちは、感情線の終点でその人の愛情の出し方を、結婚線でお金に対する感覚を見た上で、総合的にアドバイスをします。

ただし相手の手相を見ないと、正確な判断はできません。そこで「スマホでお相手の手の写真を撮ってきて、私に見せてね」とお願いしています。

一般的に、知能線が似ている人とは、比較的相性がいいものです。と言うのも、知能線はその人のものの考え方が出るからです。知能線が似ている人どうしは価値観も似ています。たとえ価値観が違っていても、恋愛期間中は相手に好かれたいという思いもあり、相手に合わせるでしょう。でも長い結婚生活を考えると、やはり価値観が似ている人とのほうがうまくいくし、お互いに楽です。

第4章

結婚・離婚の悩みの解決法

◎結婚生活を安定させるコツ

前章でお伝えしたように、恋愛と結婚は違います。恋愛の場合は、一時的に感情が盛り上がれば、極端に言えばどんな相手とでも、楽しい時間を過ごせるでしょう。

でも結婚生活は、恋愛の炎が消えてからがむしろ本番です。子どもを産み育てるのは一筋縄ではいかないし、やがては親の介護などの試練も訪れます。夫婦とは、いわば長い人生をともに歩む同志のようなもの。うまくやっていくためには、恋愛感情とは違う愛情や思いやりが必要です。

そのためには自分自身を知り、長所を伸ばし、短所は意識的に出さないようにする知恵が大事です。また相手がどんな愛情のタイプなのかも知り、理解することで、関係がよくなります。そこで前章の４つの愛情のタイプ別に、結婚生活を安定させるためのコツをアドバイスします。

①感情線の終点が人差し指と中指の間――家族愛が強い

このタイプの女性は、たとえば夫が急に友人を家に連れてきたりすると、腹を立てたりパニックになったりします。家庭だけが大事なので、友人はいわば邪魔者です。男性の場合も、妻が自分を置いて休日に友だちと出かけたりすると、イライラして不機嫌に。いずれにせよ家族愛が強い分、融通が利かず、ある意味で身勝手になりがちです。視野を広く持ち、寛容な気持ちになることが、幸福な結婚生活を送る上でのポイントです。

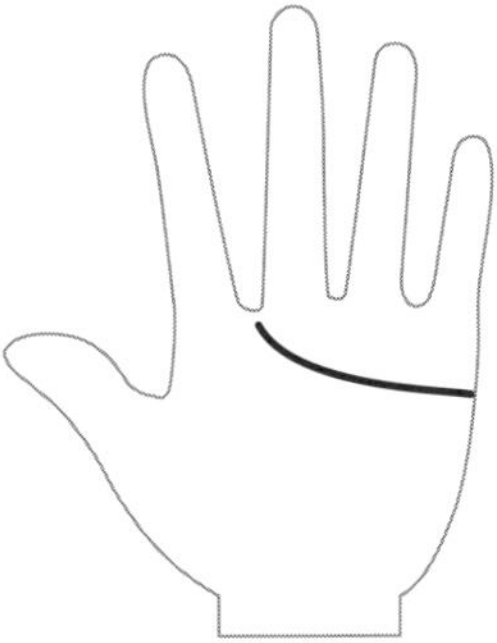
① 家族愛が強い

②感情線の終点が人差し指の真ん中より中指寄り――一途に尽くす

この手相の人は、相手に尽くすことで自分が幸せを感じます。でも相手にいろいろやりすぎると、相手はそれが当たり前になり、どんどん甘えてきます。その結果、徐々に不満がたまり、「私はこんなにやっているのに」と相手に突然キレることも。相手は意味が分からず、びっくりしてしまいます。

また、尽くされる状態が相手にとっては重荷になる場合もあります。自分では「相手のため」と思っていても、実は「こんなに献身的な自分」に酔っており、きつい言い方をすれば自己満足の可能性も。「ほどほど」を心がけましょう。

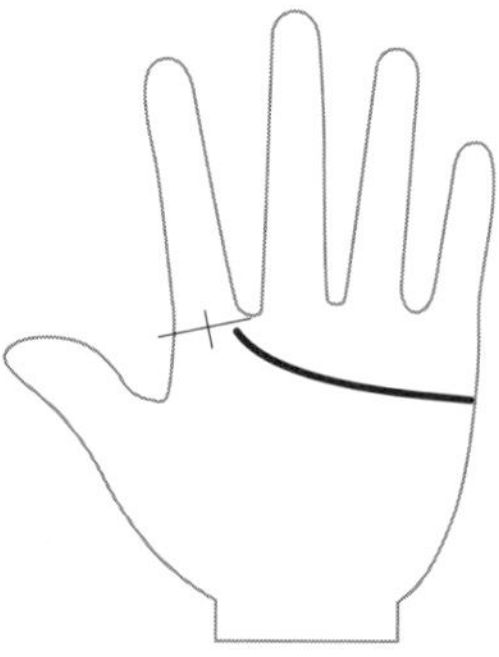

② 一途に尽くす

③感情線の終点が人差し指の真ん中――理想が高い

自分自身が成長するための努力を惜しまない分、相手に対する要求が高くなりがち。あまりに要求が高いと、向こうも息が詰まります。その結果、「僕は君が思っているような立派な人間じゃないんだ」「私はどうせあなたの望むような妻にはなれません」などと言って、もっと楽な気持ちでいられる相手に走ってしまう場合があります。相手に対して寛容になり、欠点も含めて受け入れる度量の大きさを持つことを心がけましょう。

④感情線がまっすぐ伸びている——独占欲が強い

「私は妻なんだから、なんでも知る権利がある」とか、「オレはお前の夫なんだから、出かける時は出先を必ず報告しろ」といった具合に、相手の行動を逐一知りたがる傾向にあります。

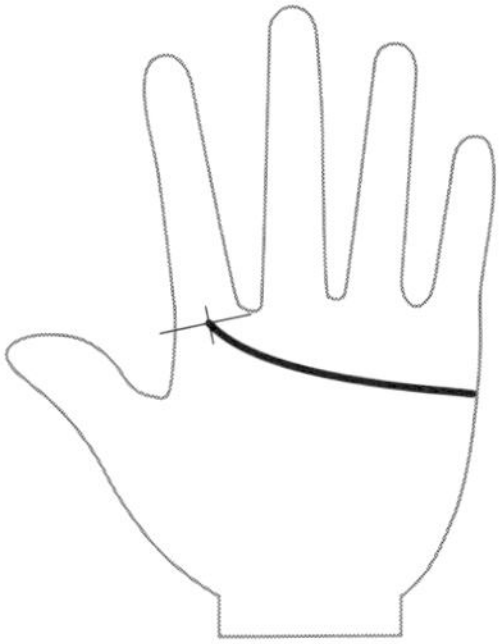

③ 理想が高い

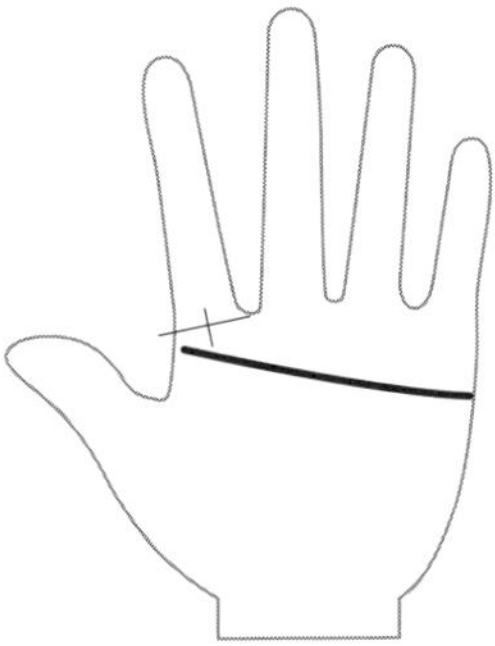

④ 独占欲が強い

でも、相手はあなたの所有物ではありません。

たとえ結婚していたとしても、人間は一人ひとり独立しており、自分だけの時間や自分だけの世界が必要です。相手を独占し、支配しようとすると、反発されます。最悪離婚になりかねないので注意しましょう。

コラム◎知能線で分かる料理の腕

結婚したら、男性女性を問わず、家事をまったくやらないわけにはいかないと思います。なかでも料理は生活の基本。結婚をするなら、そういう点も考えたほうがいいと思います。

料理上手かどうかは、知能線に現れます。

①の人は栄養のバランスが取れていたらそれでよく、料理に時間やエネルギーをかけるのは、時間の無駄だと考えがち。あまり料理上手は期待できま

せん。
②の人は料理本を見てきちんとレシピどおり作るタイプ。いつも同じ味つけができるので安定しています。
③の人は、そつなく料理をこなすでしょう。④や⑤の人は感性で動くのでいい塩梅《あんばい》に料理をしますが、その時々で味が違います。またアイデア料理が成功する時もあれば、不思議なものができあがることもあります。

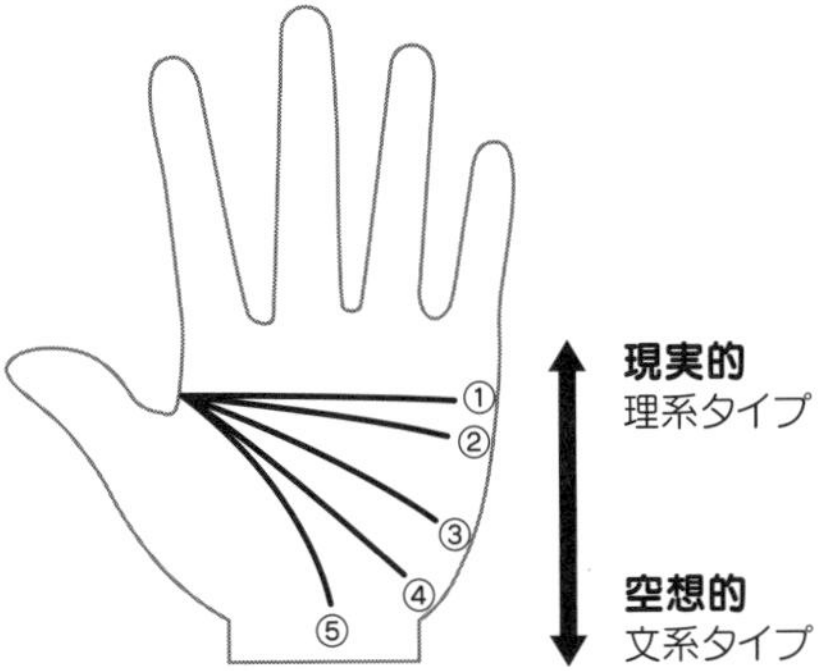

◎妻や夫の気持ちが自分から離れていった場合

「最近、夫婦間で衝突が起きがちだ」「妻がよそよそしい」「夫が自分と向き合うのを避けている」など、配偶者の心が離れていっていると感じた時にはどうしたらいいのでしょう。そのまま放置していると、どんどん心が離れていき、離婚が話題に上ることも。もし離婚したくないのなら、早めに対処すれば、関係修復は可能です。

そのためには相手の手相を見て、まずは相手が好むタイプの人間になるように努力することも大切です。自分が先に変われば、相手も徐々に変わっていきます。相手を責めたり相手のせいにする前に、まずは自分から変わりましょう。

たとえば、献身的に面倒をみてもらうのが好きな男性（Ｐ１２３①）なら、夜遅く帰ってきたら「お茶漬けでも食べますか」と声をかけたり、靴を磨いておくなど、相手が喜ぶことを率先してやってあげるのです。

① 相手をしてもらいたい人

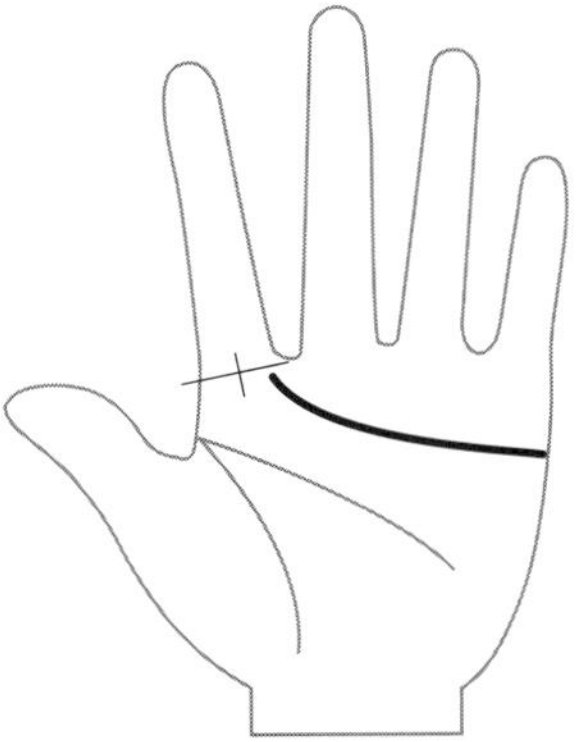

感情線の終点が、人差し指の付け根の1/2より、中指に近い

② 放っておいてほしい人

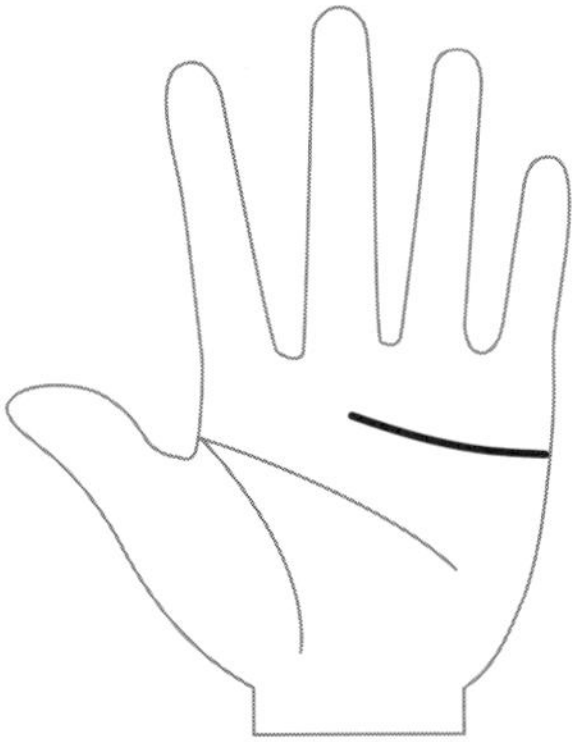

感情線が直線的で短い

逆に放っておいてほしい人（P123②）なら、「お帰りなさい」くらいにとどめ、余計なことを言わずにさっと引く。そういう人にうるさく言ったり、「話くらい聞いてくれたっていいじゃない」などと詰め寄ると、ますます気持ちが離れていきます。

◎離婚しようかどうしようか迷った場合

私のところには、離婚したほうがいいのか、このまま我慢したほうがいいのか、離婚するとしたらいつ頃がいいのかなど、離婚に関する相談にくる人もたくさんいます。

私は、結婚は我慢だと思っています。私の使っている算命学は古代中国に生まれた「木」「火」「土」「金」「水」を中心とした陰陽五行説を土台にしています。五行の中には「剋《こく》する」という言葉があります。剋するとは、ひとつがほかに勝つという意味。たとえば、『「木」は「土」を剋する』といった具合に使います。木は土の養分を吸って育つので、「木」と「土」の関係性においては、木の成長のために土は自分の栄養分を犠牲にする。そして木は育っていくということです。結婚もお互いの協力のもとに成り立つのです。一方だけが剋される関係になってしまうと、苦しいはず。

そうならないためにはいかに調和させるかという努力も必要で、相手を理解し、相手を受け入れ、時に我慢が求められます。

もちろん一緒にいて不幸を招くくらいなら、離婚を選択してもかまいません。ただし、今我慢することで後々幸運を呼び込む場合もあるので、そのあたりは手相からしっかりと見極めたほうがいいでしょう。また離婚するならいつがいいか、時期も手相から読み取れます。

ただし相手が変わるかどうか、たとえばこの先も夫は浮気をするかといったことは、相手の手相を見ないとはっきり言えません。そこで相談にきた人には、うまいこと相手の手相の写真を撮ってくるように言い、それも見て総合的に判断します。

その上で、もし離婚をするなら、生年月日で占う算命学も使って「離婚の話を切りだすのは何月何日がいいわよ。そうしたら、あまりもめずに別れられるから」といったアドバイスもしています。

◎ "離婚"の二文字が頭をよぎったら結婚線を確認

離婚したほうがいいのか、とどまったほうがいいのかなど、離婚に関して悩んでいる時は、結婚線を参考にして方針を考えましょう。

①結婚線の終点が大きく下がっている——相手への愛情が完全に醒めている

結婚線の終点が大きく下がり、感情線につきそうになっている場合は、結婚生活への情熱が完全に醒め、心が離れている状態です。場合によっては、お互いに憎しみ合っていることも。一緒にいても安らぎが感じられないばかりか、苦痛が増すばかりなので、この線が出ているなら離婚を考えてもいいでしょう。

②結婚線の末端が二股に別れている
——結婚生活とは別の道を模索

相手に対する気持ちが離れ、別々の道を模索している人です。ただ必ずしも離婚する必要はなく、仕事に打ち込むとか、夫婦で別々の部屋を持つなどしてあまり干渉し合わないようにすると、平穏な生活を得られる場合もあります。

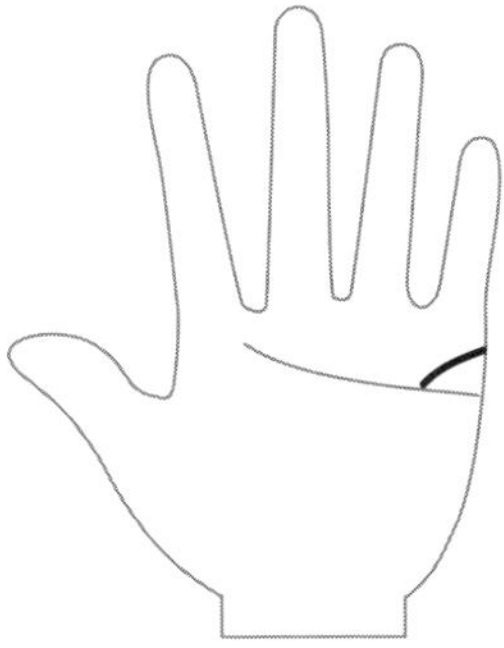

① 相手への愛情が醒めている

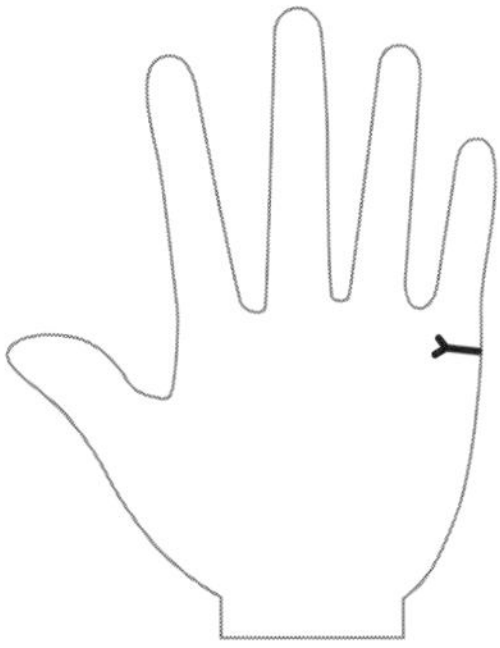

② 結婚生活とは別の道を求めている

③結婚線が下がり、さらに別の線が途中から出ている場合——不倫線

気持ちが離れている上に、すでに新しい人と交際が始まっています。つまり、不倫しているということです。私は、電車のつり革につかまっている手にこの線を見つけたら、「ほぉ、不倫しているな」と心の中でニヤリとします。

相手にこの線が出ているなら、結婚生活を続けるのは難しいかもしれません。もし離婚話が出たら、相手の不倫の証拠を押さえるなどして、有利に持っていくといいでしょう。

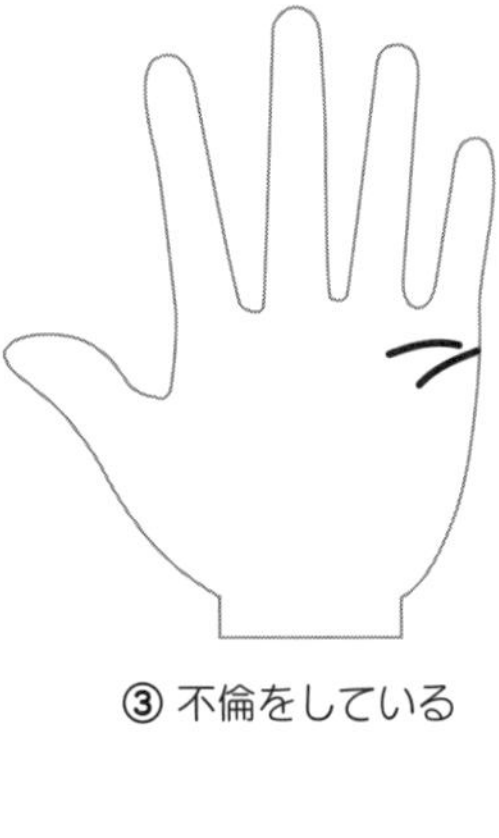

③ 不倫をしている

④結婚線の上下に短い線がある——他に好きな人がいる

配偶者以外に好きな人ができると、結婚線の上か下にすっと横に線が出ます。結婚相手にも愛情があるものの、目移りしやすく浮気に走りやすい人です。今の

結婚を壊す覚悟があるなら、離婚するのも仕方ありません。ただ、もめごとが起きないよう、好きな人がいるのはバレないように気をつけて離婚を進めましょう。離婚はしたくないなら、くれぐれも慎重に行動しましょう。

⑤結婚線がまっすぐ――離婚の必要はない

結婚線がまっすぐの人は、瞬間的に「離婚したい」と思っても、別れる必要はありません。夫が浮気をしていても、今だけ。ちょっと我慢して待っていればおさまります。ですからあまり事を荒立てず、相手にちょっとお灸《きゅう》を据えたら、あとはネチネチと責めないことが肝心です。

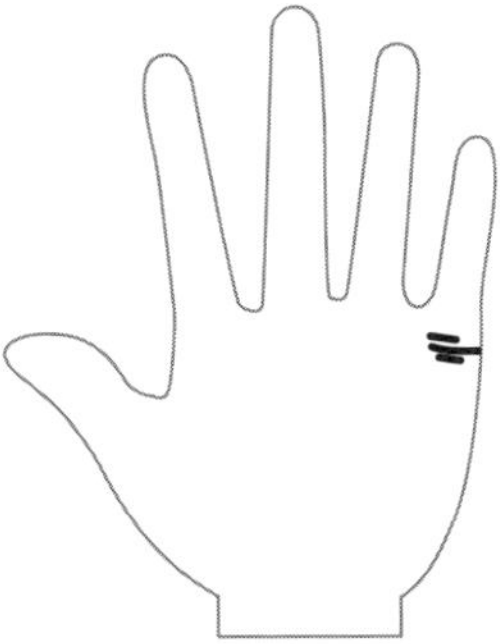

④ 他に好きな人がいる

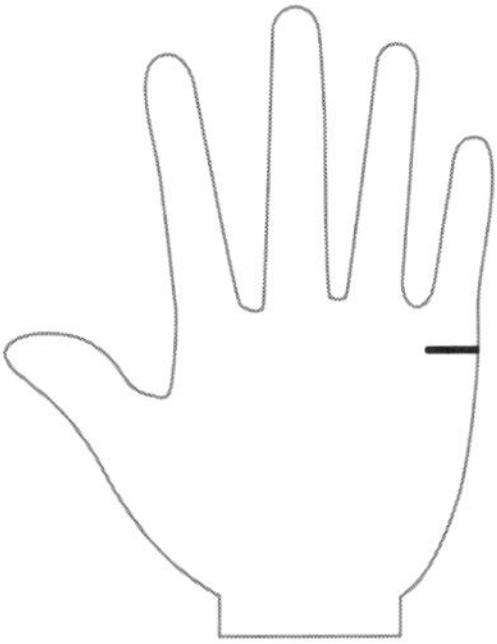

⑤ 離婚の必要はない

朝、泣きながら「先生、私、別れたい！　ダンナが昨夜、帰ってこなかった」と相談にくる女性もいますが、まっすぐの線の場合は、「大丈夫よ。今夜、帰ってくるから」と、笑ってなだめるようにしています。

第5章

いい親子関係を築くには

◎子どもの手相を見る習慣を

子どもの手相は大人よりも単純なので、基本的なことを知っていれば、おおよそ分かります。子どもの手相を見れば、その子の本質的な性格や、よりよい接し方を知ることができます。

また、ストレスを感じているかどうかなど、その時々の状態も分かります。子どもはなかなか自分の心の状態を言葉で親に説明しません。だからこそ、ぜひ子どもの手相を見てもらいたいのです。

私は、小中学生のお子さんがいるお母さんには、「子どもの心の健康を知るために、毎朝手を見てあげるといいわよ」とおすすめしています。顔の表情を見て、それから「手を見せて」と言って手を見て、問題なければ「はい、オッケー」と軽くポンと叩いてあげるのです。いいスキンシップにもなります。

◎左右の手相を見比べる

まず、両手の手相を見ましょう。右と左の手相が違っている子どもは、しょっちゅう気が変わります。

たとえば昨日はサッカーチームに入りたいと言っていたのに、今日は英語を習いたいと言い出すなど、言うことがくるくる変わるのです。友だちにも感化されやすいので、友だちが水泳を始めたら、サッカーをやめて自分も水泳教室に行くと言い張ったりもします。

親御さんは、こんなに飽きっぽい性格で、この先大丈夫だろうかと心配になるでしょう。でも心配はいりません。飽きっぽいというのは、裏返せばいろいろなものに興味を持つということ。むしろ将来が楽しみです。

人によって、ひとつのことをずっと続けたほうがいい人と、しょっちゅう変わったほうがいい人がいます。左右の手相が違う子は後者です。こういうお子さんには、「そんなにあれこれやってどうするの」と頭ごなしに叱るのではなく、やりたいことはなるべくやらせるほうが、この先、成長します。

そして「今はこれがやりたいんだ。じゃあ、やってごらんなさい」と受け入れた上で、「今はなんでも好きなことをやっていいから、そのうち自分に向いているものが見つかったら、それに絞ろうね」と、一言つけ加えてください。いずれ、自分に合っているものを見つけるはずです。

ひとつのことだけをやっていると、失敗したら逃げ場がなくなります。でも、あれもこれもやっている子は、これがダメならあれをやればいいと、融通を利かせられます。ですから、「飽きっぽい」のをマイナスと捉えず、プラスに捉えるようにしましょう。逆に左右の手相が同じ子は、心の中がひとつ。「これ」と思ったら、のめりこむタイプです。「好きこそものの上手なれ」とは、こういうお子さんのためにある言葉です。子どもが何かに凝っていたり、たとえ勉強そっちのけで何かに熱中しても、叱らずに長い目で見守ってあげてください。

◎子どものSOSを見逃さない

子どもの手を見て、生命線に図のような細かい横線が何本か入っている場合は、なるべく早めに「何かイヤなことがあった？」と聞いてあげてください。この線は「ストレス線」と言われており、ストレスがたまると出てきます。いじめに遭ってもこの線が出ますし、学校に行きたくない子にもこの線が出ます。

子どもはいじめられてもなかなか親には打ち明けないものです。「お母さんはあなたの味方だから、イヤなことがあるなら正直に教えてね」と上手に聞きだしてください。

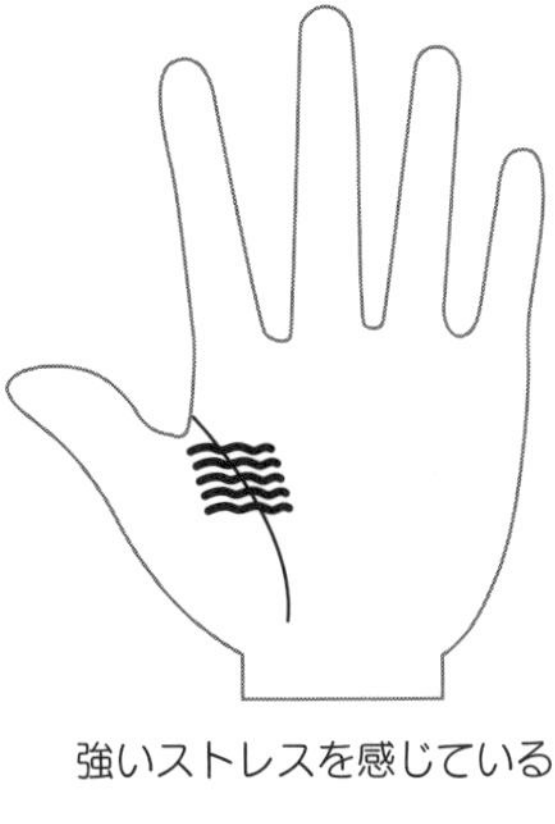

強いストレスを感じている

友だちが少ない子は

うちの子はどうも人づきあいが苦手で、友だちが少ないようだと心配するお母さんがいます。もしお子さんの感情線が左下の図のように人差し指と中指の間に入っていたら、友だちが少なくても心配しないでください。

こういう子は家族以外の人間をなかなか信用しないので、友だちができにくい。だから、友人が少ないのは当たり前。そのかわり1人か2人、本当に心を許せるいい友人ができます。それで十分なのです。

お子さんがこの手相の場合、私は「お母さん、手を見てください。こういう子は、友だちが少なくていいんですよ。それで幸せなんです。家族を大事にするので、将来、

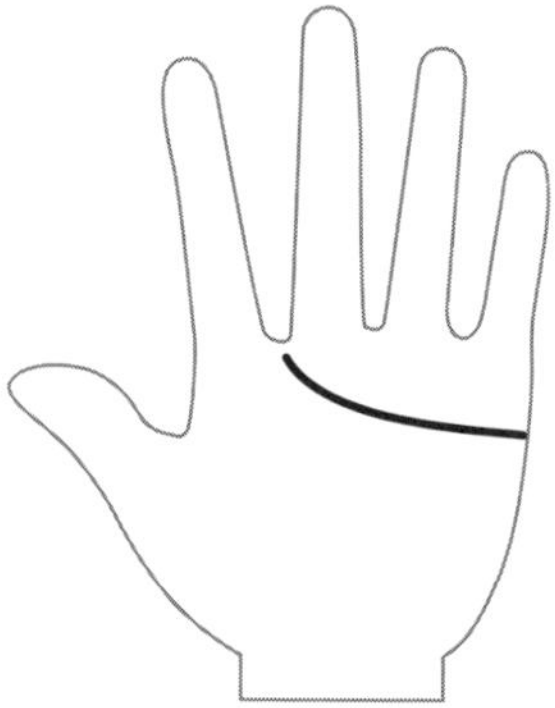

家にいるのが好き

結婚したらいい家庭を作りますよ」とお話します。

友人の数は、多ければいいというわけではありません。友だちを作るのが苦手な子は、少人数の友人を大事にすればいいのです。また、こういう子は一人遊びも上手だし、読書や絵を描くなど、自分の世界を見つけるのが好き。そこを伸ばしてあげると、能力を発揮します。

◎知能線で子どもの適性を知る

あるとき、ピアノを習っている中学生の男の子とそのお母さんが相談に見えました。その子は幼児の頃からいい先生につき、それなりに才能があると言われてきたそうで、お母さんは音楽家の道に進ませたいと考えていました。ところが最近、子どもがもうピアノをやりたくないと言い出した、と言うのです。

その子の知能線を見せてもらうと、次ページの図の①のように横に向かってい

① 専門職向きの理系タイプ

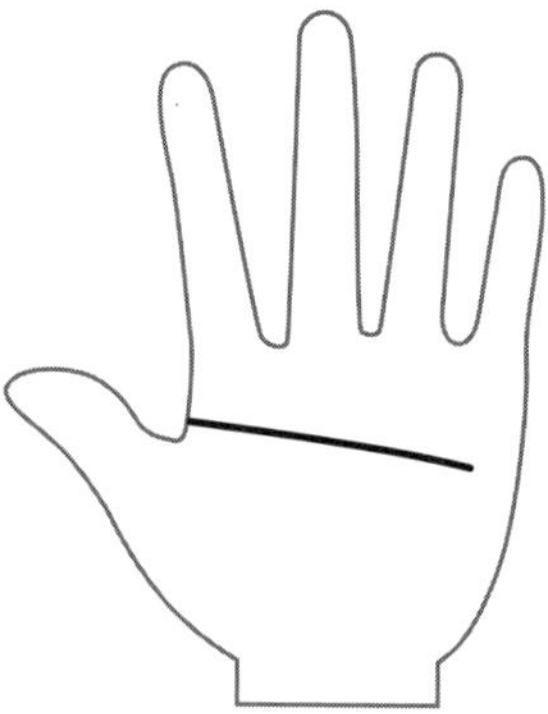

② 感性豊かな芸術家タイプ

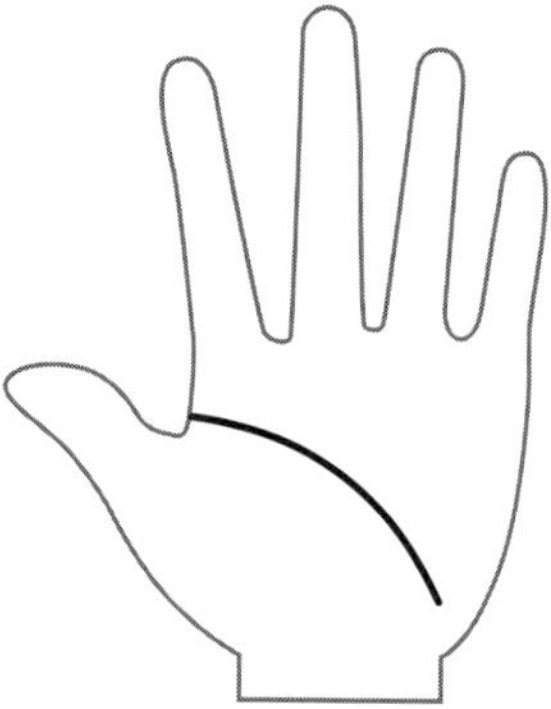

ました。この線を持っている人は理系に適性があり、緻密な思考に向いています。表現者や芸術家などに向いているのは、②のように知能線が下がっている「感性」の人です。

彼はテクニックに関してはすばらしいのですが、中学生くらいになると、感情表現を求められるようになります。それがなかなかうまくいかず、自分には才能がないと感じていたようです。

私は一例として、「調律師がいいんじゃない？」とすすめたところ、お母さんは「この子ならピアニストになれるはず」と納得しませんでした。ところが本人は、調律に興味を持ったようです。数年経ち、彼は調律師になり、今は腕利きの調律師として活躍しています。

このように、知能線によって子どもの適性を知ることができます。親の夢や願望を無理やり押しつけるのではなく、その子に合った道に進ませることが、結果的に子どもの幸福につながるのではないでしょうか。

◎親離れの早い子

子育てをする上で大事なのは、運命線の出発点です。もし運命線が他人の援助を受けるという意味をもつロマンの丘から出ている場合（P140）は、なるべく早く親離れさせましょう。そのほうが子どもの能力が伸びるし、良好な親子関係を保てます。

ところが、これを間違える親が大勢います。先日も、子どもが家を出たいと言っているので、どうやったら出ないように説得できるかと、あるお母さんが相談に見えました。お子さんの手相を見ると、親離れをして独立したほうがいいと出ています。そこで「子どもを自立させ、好きにさせたほうがいい」とアドバイスしたところ、「私の子どもなのに、なんで手放さなくてはいけないのですか」と文句を言われました。

別にその子は、お母さんが嫌いで出ていきたいわけではないのです。自分の力で運命を切り開いていくのが、その子に向いている生き方なのです。

親元を離れたら苦労も多いかもしれないけれど、その分、自分でがんばって成長できると線が語っています。「かわいい子には旅をさせよ」という言葉がありますが、独立していく線を持っている子の場合、寂

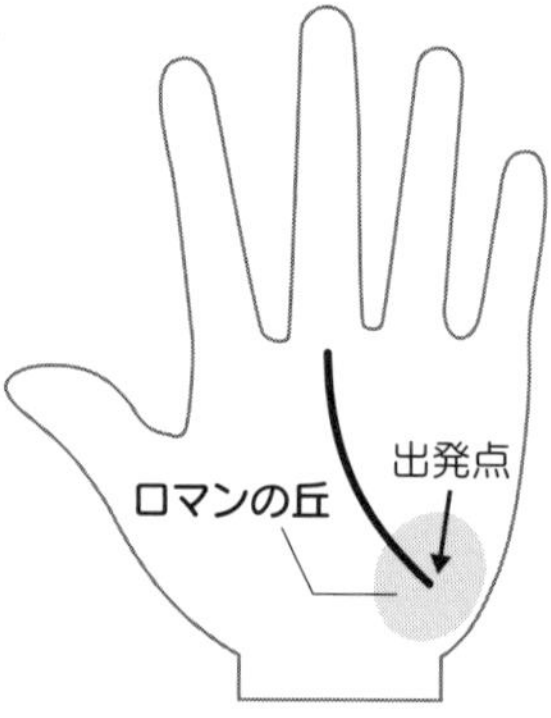

親離れが早い子

しいかもしれませんが親が子離れすることで、子どもは大きく成長していきます。

◎過干渉にならないように

感情線の終点が人差し指と中指の間に入っている人は、家族愛が強いタイプです。こういうお母さんは、ときとして子どもを自分の所有物のように思ってしまい、過干渉になります。

干渉しすぎると、子どもは息が詰まり、反発して逃げ出そうとします。すると裏切られたような気持ちになり、さらに子どもを束縛しようとし、親子の関係が悪化しかねません。最悪、子どもが暴力をふるうケースもあります。子どもはいずれ巣立って

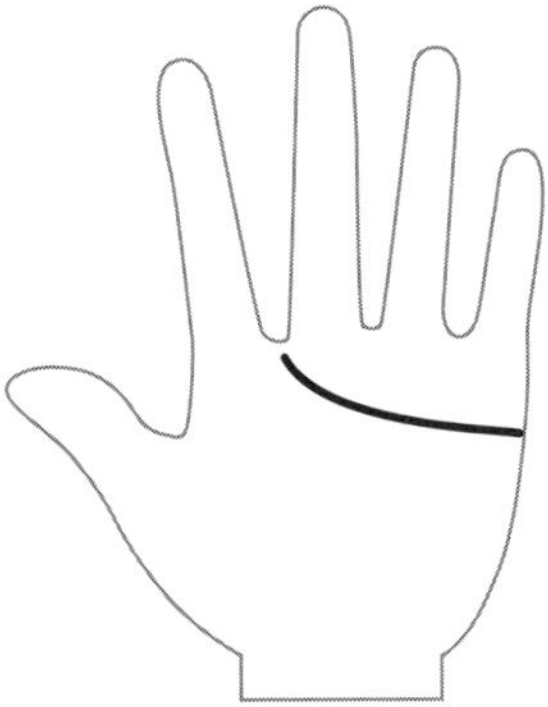

干渉しすぎる親

いくものだと肝に銘じ、子どもがある程度の年齢になったら、「子離れするのが子どものため」と、自分に言い聞かせましょう。

コラム◎元号が意味するもの

２０１９年、平成が終わり、令和が始まりました。明治、大正、昭和、平成ときて、いよいよ新しい時代です。

「明治」は、「明るくことが治まる」という意味があります。「大正」は、「大いにみんなが正しいところに行こうじゃないか」という意味の字です。「昭和」の「昭」には、「刀」という字が入っています。日に向かって刃《やいば》をむく、つまり闘うことを意味する字なのです。そして「和」は平和の「和」です。ですから昭和の前半20年はずっと戦争でした。それが終わって、やっと平和が訪れたわけです。

そして「平成」。この元号を聞いた時、私は少し心配になりました。平成とは、火事になった後の焼け跡みたいに一面たいらになり、何もなくなるという意味の字だからです。

実際、バブルが崩壊して経済がダメになり、地震などの災害も多い時代でした。しかし、さいわい戦争はなかったです。

さて、新しい元号の令和は大変きれいで、響きのよい元号です。

しかし、私は背すじを伸ばして、しっかりしなければならないと感じました。自分の責任においてやるべきことをやり、結果を出して、世界のお手本となる日本にならなければ、平和な世の中にはなりません。そのためのスタートの年だと思います。

梅の花は、まだ寒い冬によい香りを漂わせながら花を咲かせ、花が終われば実をつけ梅干しになって役に立つ。しぶとくしなやかで、したたかです。

考えをしっかり持ち、誰かがではなく、自分がやるのです。本当に〝ボーっと生きているんじゃね〜よ〟です。

手をつなぎ、助け合っていかなければ乗り越えられないのです。厳しいですが、日本人としてのよき気質がおおいに役立つ元号です。期待しています。

第6章

金運を
手に入れる

◎生きていくためにお金は必要

人間、お金がないと生きていけません。私は戦争で、何もかもなくした人たちを大勢見てきました。大変な時代を生き抜いてきたからこそ、お金がいかに大事かということが身に染みています。貧困が原因で争いが絶えない夫婦も見てきましたし、気持ちが荒《すさ》んでいった人も知っています。

逆に、仕事を成功させて金銭的に余裕ができるにしたがって、人格が成長していった人も大勢見ています。昔から〝金持ち喧嘩《けんか》せず〟という言葉がありますが、事実、経済的なゆとりが心のゆとりにつながります。

当たり前のことですが、どれだけ親の遺産があっても、稼ぎのいい夫がいても、使う一方ではお金は減っていきます。また、自分で働いてお金を生みだす力がないと、状況や時代の変化などで万が一財産を失った時、生きていくのが困難になります。

◎お金に感謝の念を持つ

これはかえって裕福な人にありがちなのですが、時々「お金のことは、どうでもいいんですよ」と言う人がいます。そういう人には、私は「とんでもない」と言います。

お金を邪険にすると、いつかしっぺ返しをくらいます。今のパナソニックの生みの親である松下幸之助氏は、お金を払う時「友だちを連れて帰っておいで」と言っていたのは有名な話です。お金を尊重しなくてはいけないし、お金にだらしなくしてはいけません。

お札はちゃんとお財布にきれいに揃えて入れて、「ありがとう」と感謝の気持ちを持っていないと、お金に嫌われます。ですからお財布に入れず、ポケットにぐしゃっと入れておくなんてもってのほか。そういう人のところには、お金はやってきません。

◎お金に対する意識は財運線に出る

お金に関しては、小指の下のほうに縦に出る財運線で見ます。財運線とはお金に対してどんな意識を持っているかが出る線で、収入や財産、貯蓄など、お金に関する運が分かります。

線がある場合はお金に関心が強く、線がない、もしくは薄い場合は、お金に対する関心が薄いことの表れです。線が太くてはっきりしているほど金運が強く、大金を手にしやすいでしょう。また資産額に関係なく、お金に関心が薄いと現れないので、お金持ちであっても線がない人もいます。

お金に対する感覚は人それぞれで、コツコツ貯める楽しみを覚える人もいれば、ある程度貯まったらパーッと使って楽しみたい人、株や投資に興味がある人などいろいろです。財運線を確認して自分のお金に対する考え方を知ると、どうお金とつきあうと幸せになれるのかも見えてきます。

◎財運線の3つのタイプ

お金に対する意識は「お金は使うもの」「お金は貯めるもの」「お金は動かすもの」の3種類に分かれます。3つの違いは、財運線にもはっきり出ます。

①細い線が何本もある——お金を使うのが好き

何本も細い財運線がある人は、「お金は使って楽しんでなんぼのもの」と思っている人。このタイプの方は、それほどお金は貯まらないのですが、不思議と使う分のお金が入ってきます。人づきあいがよく気前がいいので友だちが多く、一緒にいて楽しいのはこのタイプの人です。

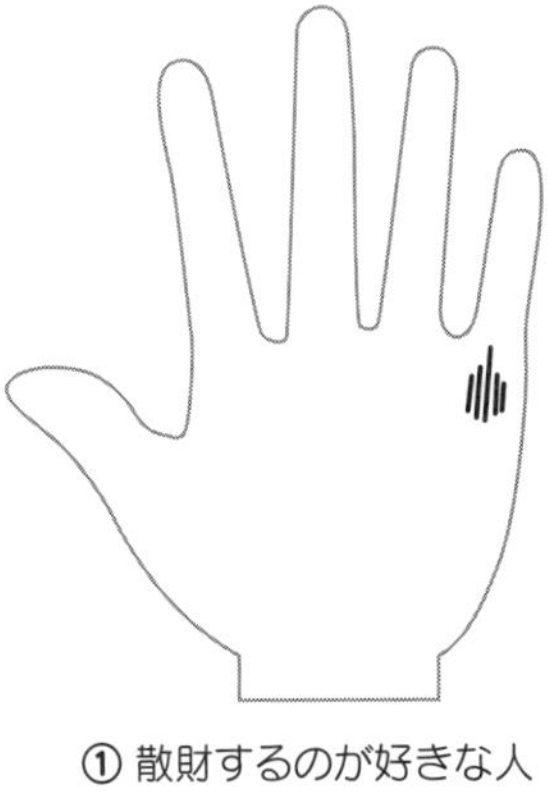

① 散財するのが好きな人

②小指の中央部分に向かって財運線が伸びている――お金を貯めるのが好き

小指の中央部分に向かってまっすぐ財運線が伸びている人は、「お金は貯めるもの」と思っているタイプ。お金を使うことにむしろストレスを感じ、無駄遣いはしないので、自然とお金が貯まっていきます。コツコツ貯金をし、通帳の残高が増えていくと、喜びを感じます。

③小指と薬指の間に財運線が伸びている――投資や資産運用向き

財運線が小指と薬指の間に伸びている場合、

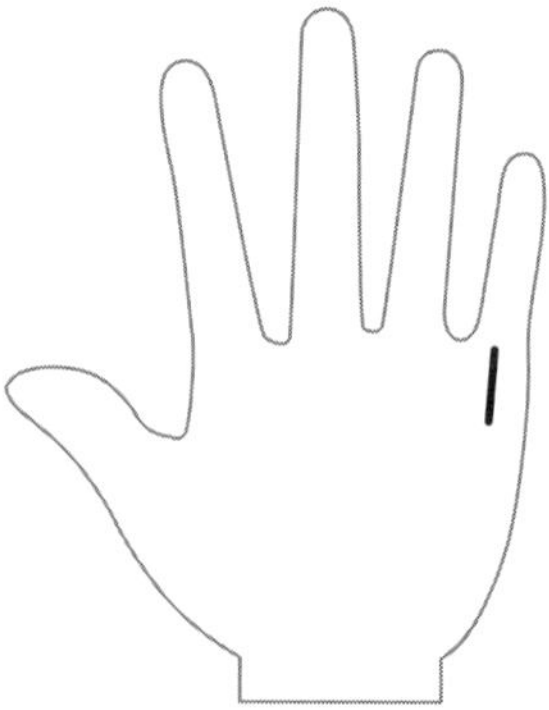
② 貯金が好きな人

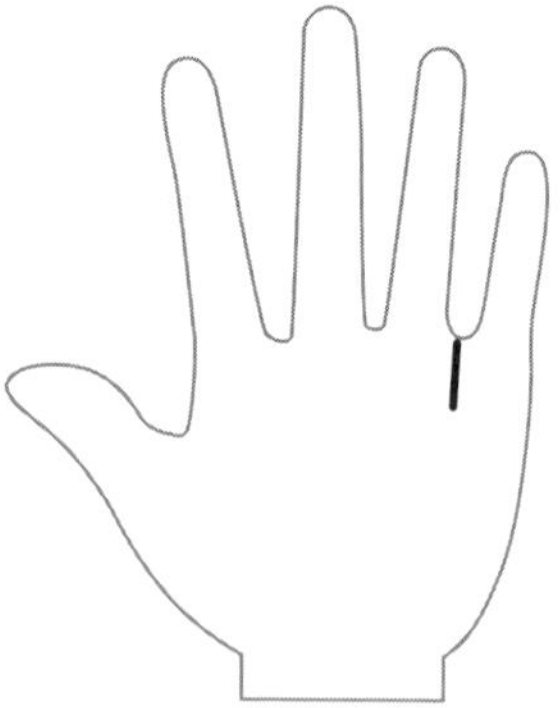
③ 投資家向きの人

お金を動かすのが好きな人です。

金銭感覚にすぐれ、投資や運用の才能があるのもこのタイプ。経営者に向いている人にも、この線が出ます。また「ギャンブル線」とも言われており、ギャンブル好きの人もこの線が出ます。

〈それぞれのタイプへのアドバイス〉

①細い線が何本もある――お金を使うのが好き

この線の人には「自分で使うお金は、自分で稼ぎましょう」とアドバイスしています。がんばって仕事をして、なるべく稼ぐことが大事です。仕事が大変だと思ったら、「これで遊べるんだから、がんばれ!」と自分を励ましましょう。

もし、少しは貯金を殖やしたい場合は、赤いペンで②の場所に線を書きましょう。お金を使おうとすると線が目に入るので、「あっ、ちょっと我慢しよう」と自制心が働き、自然と無駄遣いしなくなります。

②小指の中央部分に向かって財運線が伸びている——お金を貯めるのが好き

あまりケチケチしていると、人づきあいがうまくいかず、友人も離れていきます。孤独がイヤなら、適度にお金を使うことに慣れましょう。

③小指と薬指の間に財運線が伸びている——投資や資産運用向き

株を買ったり投資をするのはかまいませんが、ギャンブルにはなるべく手を出さないように。ギャンブルはたまに儲かることもありますが、総合して見ると、決して儲かりません。ヘタに手を出すと、痛い目にあいます。

◎赤い線は3本くらいがちょうどいい

お金を使うこと自体は決して悪くはありません。貯めてばかりだとお金が濁るし、人間関係も細っていきます。だから私は、「財運線を赤いペンで3本くらい書いて、多少はお金を使って人生を楽しみましょう」とアドバイスしています。3本の線を見ながら、「きっと仕事もうまくいき、お金も入ってくるだろうからうれしいな。お金が入ってきたら、あれを買おう。あそこに行こう」などと考えていると、自然にいい顔になってきます。お金にはそういう力もあるのです。

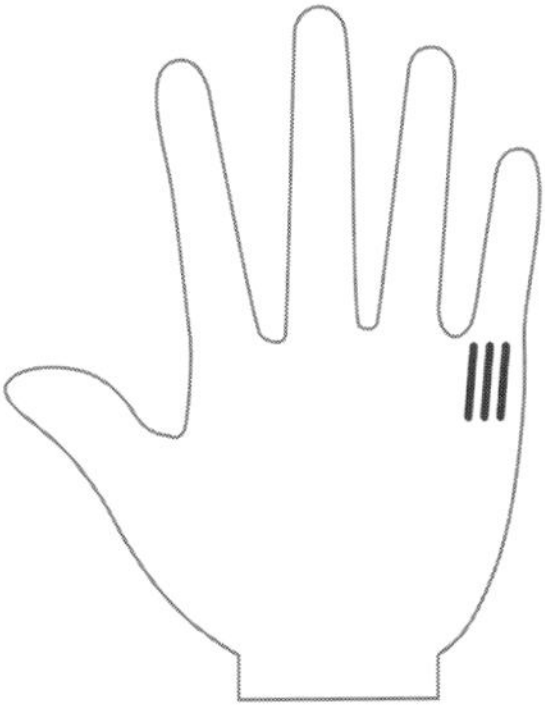

線がない(少ない)人は
赤ペンで3本書く

◎財運線の出発点で分かる財産運

将来的に財を成す人は、財運線の出発点で分かります。位置の違いによって、何によって財を成すかが変わってきます。

①財運線が生命線上から出発している
——自力で財を成す

財運線が生命線から出発している人は、誰の助けも借りず、自分の努力で財を成します。とても努力家で働き者ですが、頑固で強情な面もあります。

②財運線が運命線上から出発している
——好きな仕事で財を成す

財運線が運命線から出発している人は、やりがいのある仕事で成功し、財を成します。仕事運に恵まれますが、仕事中心の人生になりやすいのも特徴です。

出発点で何で財を成すか分かる

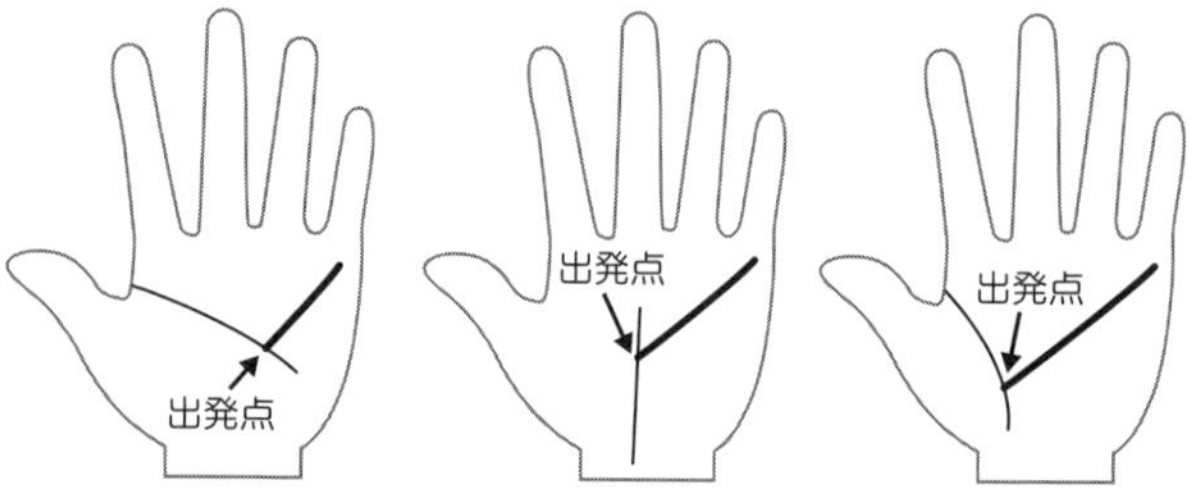

③ 事業で成功して財を成す
② 好きな仕事で財を成す
① 自分で財を成す

③財運線が知能線上から出発している――事業で成功して財を成す

財運線が知能線から出発している人は、経済観念が鋭く商才に恵まれており、事業家として成功しやすいタイプ。ただ、損得勘定で動く人と思われがちです。

◎人の援助で運命が開ける人

運命線が生命線の内側から出発している人は、親や配偶者、知人など、人との関係によって開運します。援助の運は、生命線を四等分し、運命線がどの位置から出発しているかで見ます。

援助の内容は金銭である場合もあれば、仕事や人脈など、無形のものである場合もあります。この線が出ている人は、援助してくれる人に礼を尽くし、誠意ある対応をすることで運が開けます。一方で援助してくれる人に依存しすぎると、他の人との人間関係がおろそかになる危険があります。

せっかく援助を受けても、それをうまく生かさないと無駄になります。そのためにも人間関係に配慮し、場合によってはいいパートナーをみつけ、援助を最大限生かす努力をしましょう。

①運命線が生命線の下4分の1の内側から出発――親からの援助がある

生命線を四等分し、下から4分の1の場所で生命線の内側から運命線が出発している場合、親の財産や家業を引き継ぐ運があります。親との縁がひじょうに強い分、親への依存度が大きくなりやすい面も。親からの援助を有効に活用するためには、自立心を育てることも大事です。

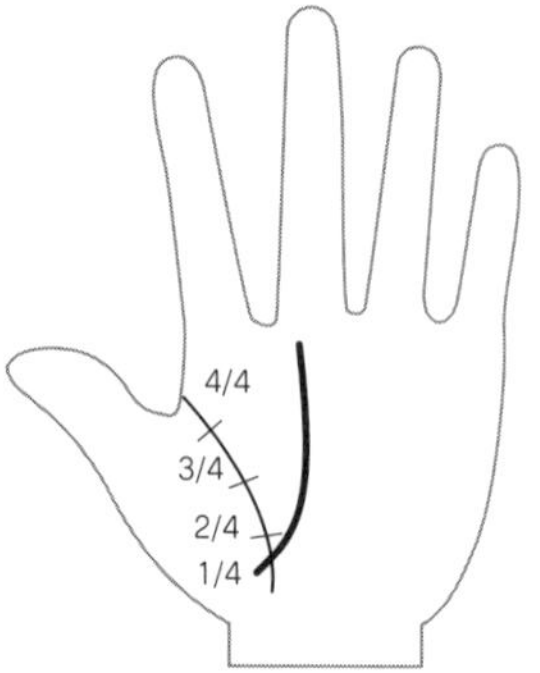

① 親からの援助がある

②運命線が生命線の下4分の2の内側から出発——配偶者の援助がある

生命線を四等分し、下から4分の2の場所で生命線の内側から運命線が出発している場合、配偶者の援助で開運するタイプ。結婚によって配偶者やその実家からの有形無形の助けがあるなど、結婚によって運が開けます。ただし配偶者への依存度が大きくなる傾向があります。

③運命線が生命線の下4分の3の内側から出発——協力者から援助される

生命線を四等分し、下から4分の3の場所

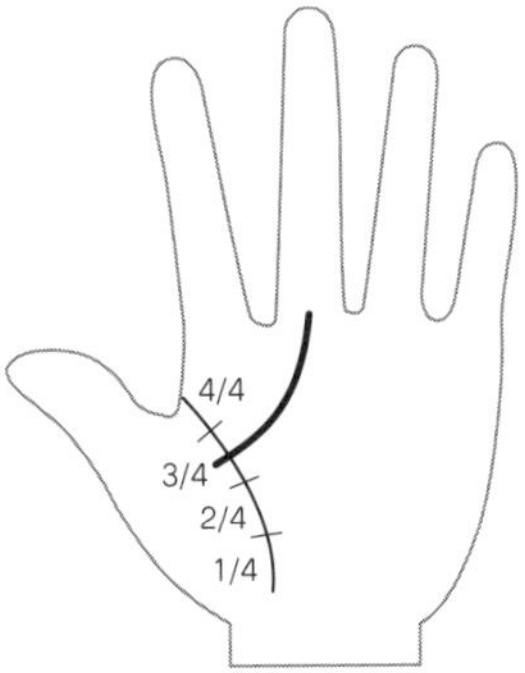

③ 協力者から援助される

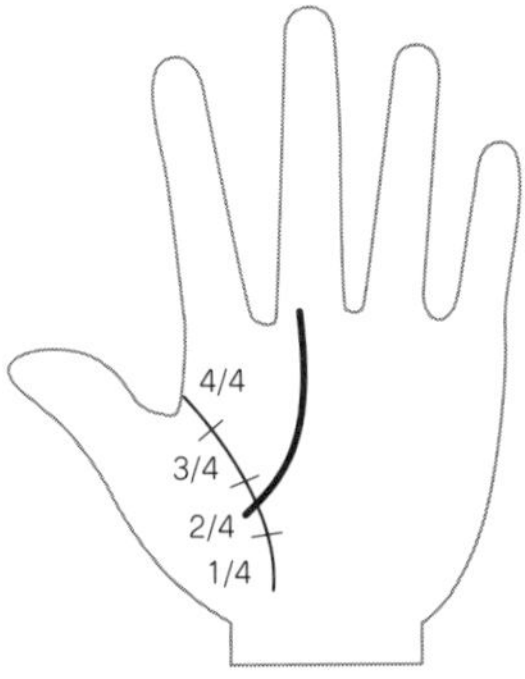

② 配偶者の援助がある

で生命線の内側から運命線が出発している場合、他人の協力者からの援助を受けられるタイプ。

たとえば資金面で援助してくれる大物との出会いにより、開運することがあります。ただし協力者への依存度が高くなりやすい傾向にあります。適度な距離感を保つことも大事です。

④運命線が生命線の下4分の4の内側から出発——年上のお金持ちから援助される

生命線を四等分し、下から4分の4の場所で生命線の内側から運命線が出発している場合、年上のお金持ちの人から援助されるタイプ。とくに異性の場合が多いため、愛情のトラブルに発展することもあります。

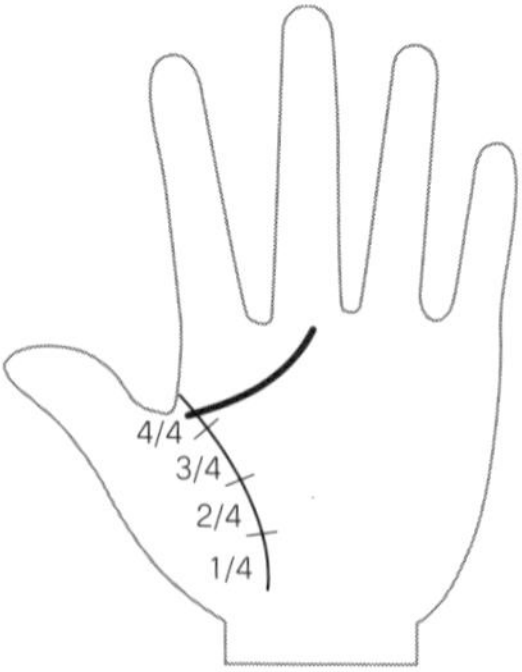

④ 年上のお金持ちから援助される

第7章

いい人間関係で運を開く

○人間関係をよくする

人は生きているかぎり、人間関係から逃れられません。まず、オギャーッと生まれた時に親との関係ができ、きょうだいとの関係ができます。学校に行けばクラスメイトがいるし、サッカーチームに入ればチームメイトがいます。バンドを組めばメンバーがいるし、もちろん友人関係もあります。

大人になったら、職場での人間関係が生まれ、結婚すれば配偶者や舅《しゅうと》、姑《しゅうとめ》との関係ができます。人間関係とは、いわば人生そのものと言ってもいいかもしれません。

そのため、まさに人生そのものを表している運命線や知性が分かる知能線に、人間関係に関するさまざまなことが出てきます。良好な関係を保つにはどうしたらいいのか。自分はどんなポジションにいれば、より幸福になれるのか。運命線や知能線を見ながら、考えていきましょう。

◎長所と短所を補い合う

人の集団の中では、お互いに長所短所を補い合うことが大事。そのためには、まず自分自身を知ること。そして可能であれば、仲間の手相も見てみましょう。人の手相を見るとお互いに理解が深まり、いい関係を築けます。

会社の社長と専務を例に考えてみましょう。たとえば社長の知能線が①だとします。その場合、専務は②のほうがいいのです。

知能線が①の人は、1＋1が2でないと納得しません。仕事の面では、結果がすべてで、過程を見ようとしない傾向にあります。一方②の人は情で動

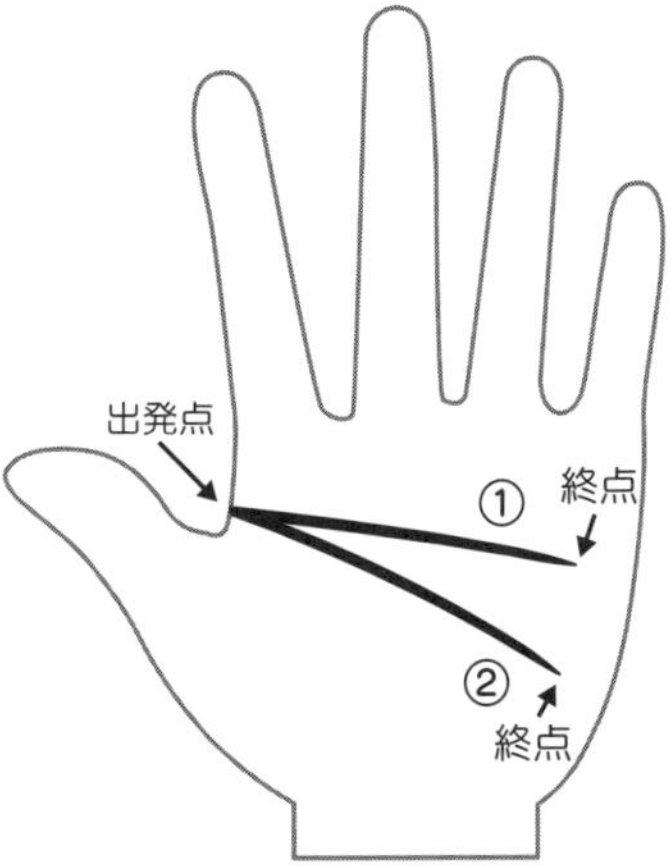

知能線の終点で性格が分かる

きます。そのため仕事の過程でのがんばりや努力をきちんと評価します。

結果しか見ないと、いずれ人が離れていき、会社が傾きます。違うタイプの経営陣が力を合わせることで、会社経営は円滑に進みます。

◯成功する会社とは

ホンダの創業者である本田宗一郎さんは、お金のことを考えるのが苦手で、経営的なことも得意ではありませんでした。本人は、モノ作りにしか興味がなかったのです。

実質的に会社を経営していたのは、藤沢武夫さんという方です。本田さんは藤沢さんに会社の社印も実印も預け、経営をすべて任せていました。後に「藤沢がいなかったらとっくのとうに会社は潰れていた」と語っています。お二人の手相はまったく違い、たぶん本田さんは知能線が下に向かっているロマンの人、藤沢さんは知能線が横に向かっている合理的な人だったのでしょう。

このように、まったく資質が違う人が力を合わせることで、1＋1が2ではなく、3にも4にもなるのです。

◎夫婦はお互いの違いを理解して

夫婦もお互いに違うほうが子どもにとっては楽です。もし両親ともに結果しか見ない①のタイプだと、子どもはつらくなります。父親が成績表を見て「努力が足りない」と叱ったら、母親が「今回は成績が悪かったけど、この子なりにがんばっているのよ」とフォローし、「次はもう少しがんばろうね」とやさしく励ますといった具合に、両方の役目がいないと子どもはやってられません。

ただ夫婦の場合、お互いに違うことで相手の言動にイライラする場合もあります。でも手相を知って、「この人の線はこうなんだから」と理解すると、受け入れて補い合うことができるようになります。

ある男性が、「うちの妻は料理が得意だけど、片づけが苦手で困る」とこぼしていました。奥様の手相を見たところ、知能線が手首に向かって下がっています。奥様はクリエイティブな感覚が優れているので、料理のアイデアもどんどん湧くのでしょう。しかも食べるのが大好きなので、料理が楽しくて仕方ないのです。知能線が手首に向かって下がっている人は、作品を作るのは大好きですが、できあがってしまうと終わりです。ですからこういう人は、決して整理整頓が得意ではありません。

手相がそう語っていると伝えたところ、その男性は「じゃあ、これからは僕が片づけ担当になります」とおっしゃいました。

このように、手相を見ることで相手がどういう人なのかを理解すると、我慢もできるし、相手に対するキャパシティーも広くなります。その結果、夫婦関係も良好になります。

◎運命線から自分がリーダータイプか支えるタイプかを知る

どんな集団でも、リーダー的な立場の人と支える立場の人が力を合わせることで、いい結果が出ます。リーダー向きの人ばかりでは衝突が多くなっていずれバラバラになるし、脇役の人ばかりでは物事が進んでいきません。

太くてしっかりした運命線の人（P166①）は、目立つ仕事のほうが合っています。会社の部署なら、たとえば営業職。またチームリーダーになるなど、どちらかと言うと主軸で働くほうが向いています。

運命線が薄くて細い人（P166②）は、支える立場が向いています。こういう人は脇役に徹することで、運命が開けます。どんな芝居でも脇役がいないと成り立たないし、脇役の役割はとても重要です。

私のところに相談に見える有名企業の社長さんの中にも、運命線が薄かったり、

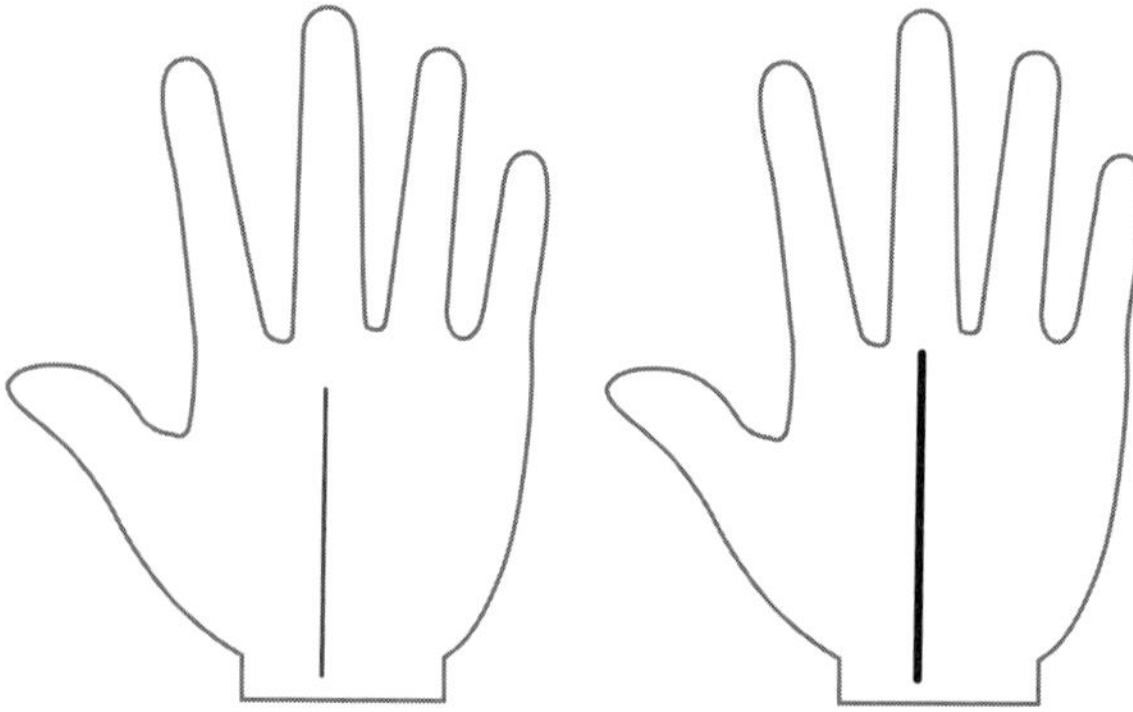

運命線がない人がいます。「あなたはいい部下をお持ちですね」と言うと、「実は僕がいなくても、会社は動くんですよ」とおっしゃいます。

もし自分の運命線が薄い場合は、いいナンバー2を見つけるかどうかも、社長の能力のひとつです。それを無理してすべて自分で解決しようとすると、無理がたたって精神を病みかねません。運命線は人生そのもの。とくに仕事に大きくかかわるので、自分の運命線を見て立ち位置を決めましょう。

◎運命線の強い主婦は夫を出世させる

専業主婦でも、運命線がしっかり出ている人がいます。間違いなくカカア天下になります。でもこれは逆に言うと、いわゆる〝アゲマン〟の素質があります。夫を上手に出世させることができるのです。

家のことを牛耳って、「家は私に任せて」「子どもの教育も任せて」とがんばるため、夫に心配をかけません。夫の上司や人間関係にも目配りをし、必要なところには付け届けをし、夫の洋服もきちんとそろえる。だから夫は安心して仕事に集中でき、結果的に出世します。

専業主婦でこの運命線を持っている場合は、うまく夫を操縦し、夫を盛り立てましょう。またご主人は家では奥様の言うことは「ハイハイ」と聞くようにし、「ありがとう」の言葉を惜しまずに感謝の念を表すようにすると、すべてうまくいきます。

運命線が人差し指寄りに伸びる人は人の上に立つ

運命線の終点が人差し指の付け根のリーダーの丘に向かって伸びている人は、指導者として人を育てることに向いています。自分自身も地位や名誉を求めるために努力し、人の上に立ってリーダーとして活躍するタイプ。ただしあまり人を仕切り過ぎると疎まれる場合もあるので、気をつけましょう。

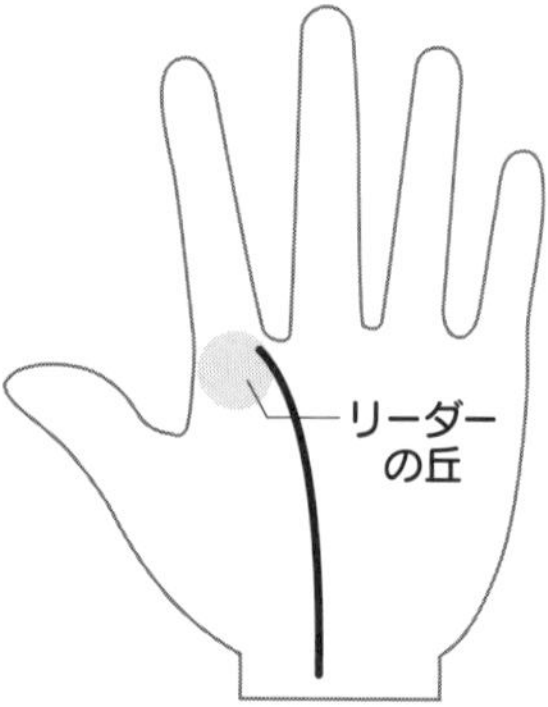

リーダーとして活躍する

運命線が薬指寄りに伸びる人は人気者

運命線の終点が薬指の付け根の人気の丘に向かって伸びている人は、周囲から認められ、人気を得られます。仕事に対しては、地位や名誉より、幸せや満足感を求めるタイプ。人間関係はスムーズに運びますが、まわりの評価や評判を気にしすぎる傾向があります。

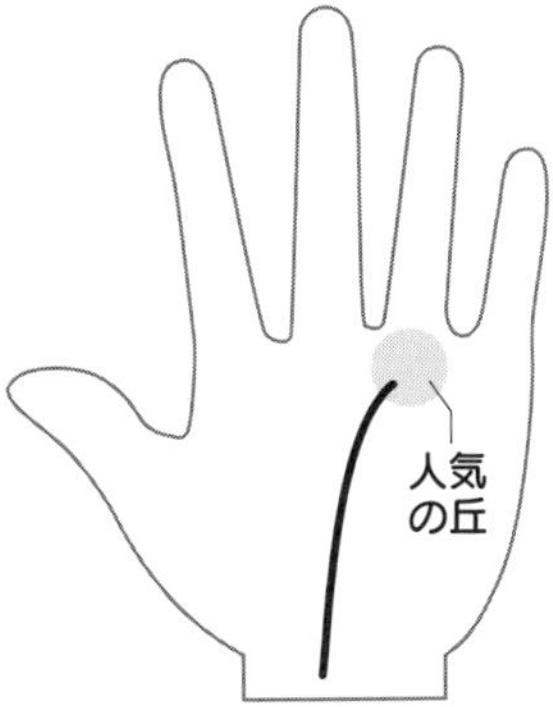

人気を得る

◎感情線から見えてくる人間関係

感情線は愛情のエネルギーを意味し、その人の持つ感性や感情、愛情の深さなどが分かります。「人に対する気持ち」が表れやすい線なので、感情線からは人間関係のあり方も分かります。

感情線は他の四大基本線である知能線、運命線、生命線に比べて、複雑に乱れやすい特徴があります。乱れているほど人間味があり、愛情豊かだと言えますが、その分人間関係の悩みやトラブルも抱えがちです。

感情線をよく観察して、人間関係の問題をうまく解決していくように心がけましょう。

人間関係で問題が起きやすい人

人間関係で問題が起きやすいのは、両手とも感情線の終点が人差し指と中指の間に入っている人です。こういう線の人は、人に対する好き嫌いがハッキリしているので、自分の好みの人としかつきあおうとしません。家庭を持ったら、よっぽど気の合った相手しか、家にきてほしくないと思ってし

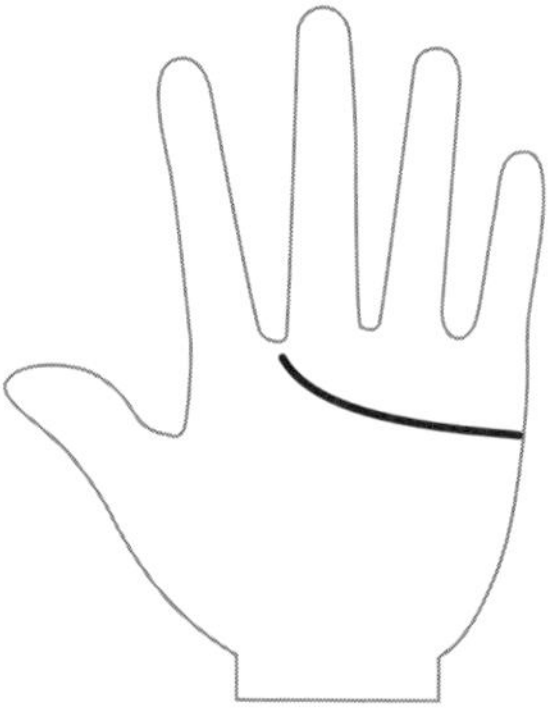

人の好き嫌いがはっきりしている

まうため、たとえばママ友から「お高くとまっている」「つきあいが悪い」などと思われがち。

そのかわり、自分の家庭はとても大事にします。女性なら、いわゆる良妻賢母になるのもこのタイプです。また数少ない友人は、とても大事にします。

◎人からだまされやすい

感情線の終点が人差し指と中指の間あたりでふくらみ、下降している場合は、相手にすべてを注ぎ見返りを求めないタイプ。この線の人はやさしいのですが、思い込みが強いため、なかなか相手を客観的に見られません。そのため、だまされやすい傾向にあります。

以前、女性に1000万円取られたと言う男性に会いましたが、やはり感情線にちゃんと出ていました。その人はまわりがいくら「ちょっとあの人はおかしいんじゃない？」と言っても、「そんなわけない。彼女はすごくやさしいんだ。僕の母の誕生日まで覚えている」と、最後まで彼女を信じていたそうです。

男の人にだまされたという女性が私のところに相談にきた時には、「このままだとまただまされます。この線を消しましょう」と、私が赤いペンでまっすぐな線を書いてあげました（右図、薄い線）。

このように線を書くのも、対処方法としておすすめです。それと同時に、信頼がおけて何でも相談できる人を持つことも大事です。

とくに金銭が絡む場合は、自分だけで判断せず、信頼できる人に「面通し」しましょう。もし会うのを拒否するようなら、何か魂胆がある証拠なので、縁を切ったほうが無難です。

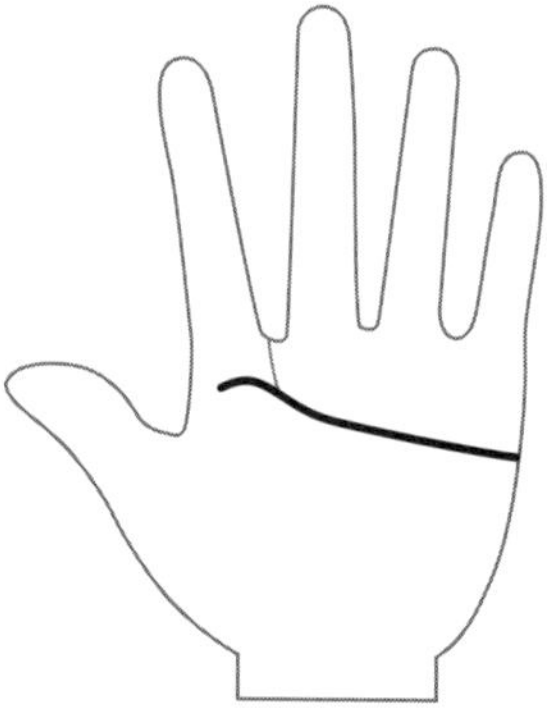
だまされやすい

◎誰にでもやさしい人

感情線の末端から枝線が2〜3本出ており、曲線的な感情線の場合は、誰に対してもやさしい博愛タイプ。どんな人にも分け隔てなく愛情を注ぎます。サービス精神が旺盛で、人から嫌われにくいのも、この線の持主の特徴です。

しかし誰にでもやさしいため、好きな相手から見ると、誰でもいいのかと思われやすい人です。

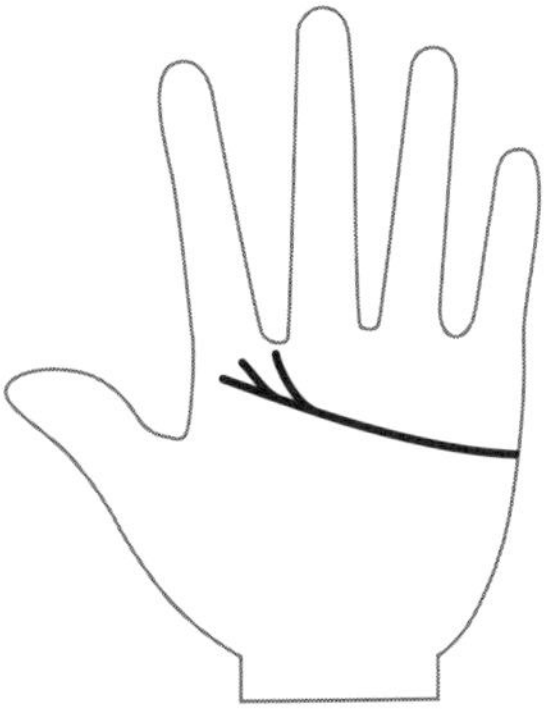

博愛主義

第8章

手相を
健康維持の
指針にする

○生命線で自分の体の特徴や状態を把握する

健康を維持するために、まず自分の体の特徴や、現在の健康状況を知ることが大切です。

基本的な体のタイプは、生命線に出ます。生命線は生命力を表し、現状の健康状態や持って生まれた体力やエネルギー量が分かります。

生命線の長さは生命力を表しています。長ければ生命力が強く、短い人は体力があまりありません。生命線が長い人は、精神力や根性、やる気もあるため、自力で人生を開いていく力があります。また生命線が短い人は、体力がなく疲れやすいため、なかなかやる気が出にくい場合があります。

また線が太いとエネルギーが強く、線が1本よどみなくきれいに走っていると、健康で生命力が充実しています。線が乱れていると、疲れや体力低下のサインです。

生命線で健康状態を見る

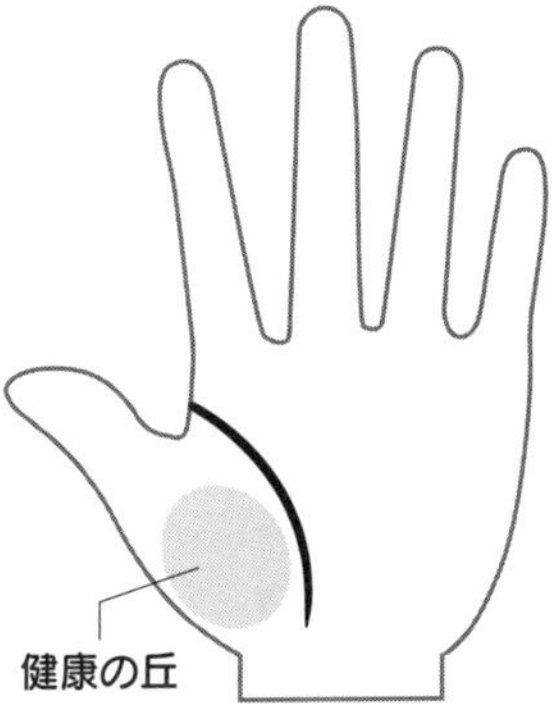

線が長いと生命力が強い

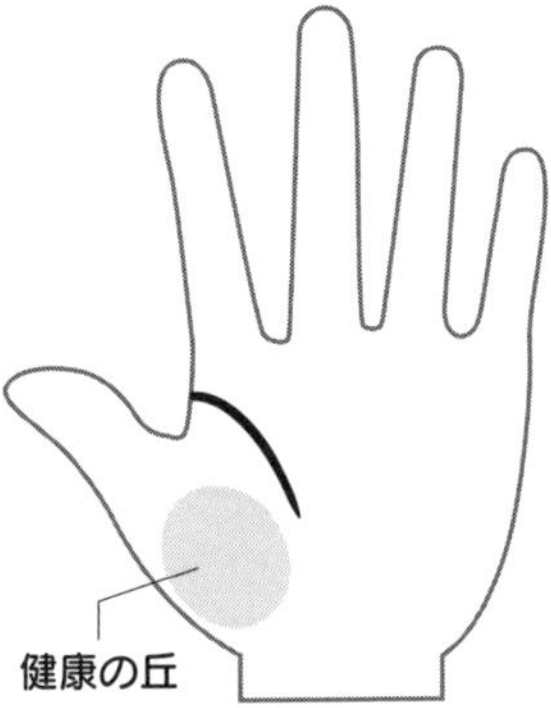

線が短いと体力がない

◎手のふくらみで健康状態を知る

親指の下のほうにあるふくらみは「健康」を表します。ここを見ると健康のエネルギーが分かります。ここがふっくらしている人は、生命力があるので、根性や精神力、やる気があります。ここがぺったんこの人は、生命力が下がっているので、なかなかやる気が出ません。

以前、銀行の人に「相手にお金を貸していいかどうか、手を見れば一目で分かります。親指の下がふくらんでいる人は、がんばって働いて返済します。貸し倒れはありません」と言ったらうなずいていました。

親指の下をふくらませるためには、体をよく動かし、よく食べることが大事です。

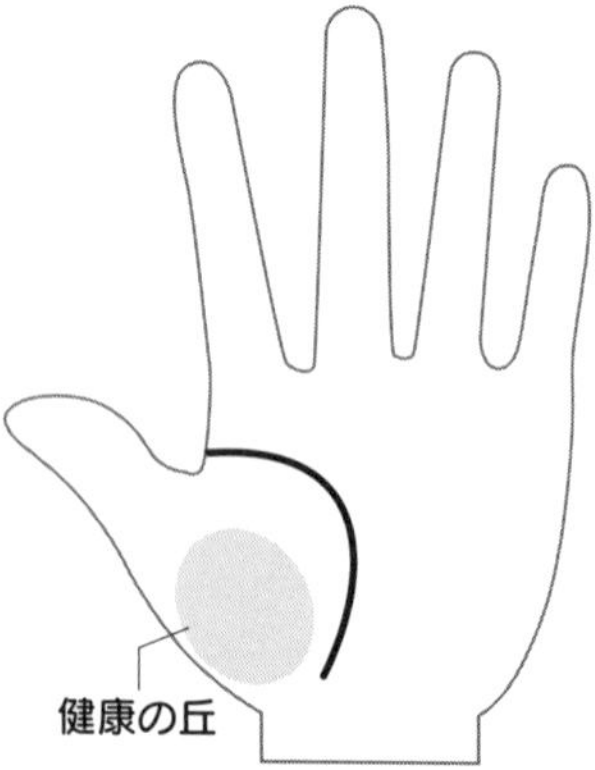

ふくらんでいると生命力がある

自分のエネルギー量に合った生き方を

生命線や健康の丘から自分の生命力を判断したら、自分のエネルギー量に見合った生き方をしたほうがいいでしょう。

生命力が旺盛な人は、エネルギーをしっかり使えば仕事も人生もうまくいきます。逆に生命力の弱い人は、あまり無理をすると健康を損ねてしまいます。効率よくエネルギーを使い、自分に合ったやり方で人生を切り開いていきましょう。

第1章でご紹介した二重生命線を持っている人は、生命力が旺盛で元気なので、多少の無理をしても大丈夫です。

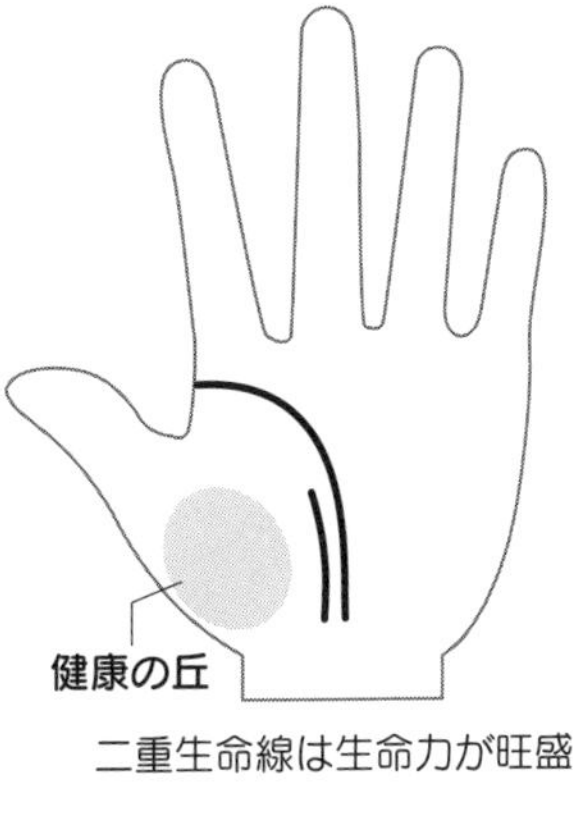

二重生命線は生命力が旺盛

◎ 手が薄い人が増えている

今の若い女性は、親指の下がぺったんこで、しかも手が冷たい人が多いようです。こういう女性は結婚しても、なかなか子どもができないことがあります。

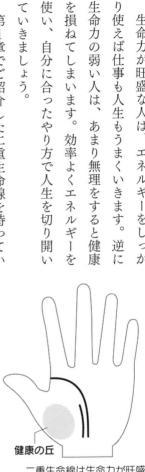

これはダイエットの悪い影響です。筋肉も落としてしまうので、生命力も落ちてしまうのです。

私はそういう女の子には、「痩せててかっこいいけど、あなたの手って冷たいわね。冬だったら大概の男性はイヤがるわよ。体全体が冷たくて、抱き心地悪いもの。だから運動して、ちゃんとバランスのいいもの食べて、手が温かくなるように努力してね」と言います。

親指の下がぺったんこの人は、情も薄いのに、相手に対する要求は多い傾向にあります。ですから私は心の中で、「こういう女性と結婚すると男性は苦労するだろうな」と、ちょっとつぶやいたりします。

最近は男性も、親指の下はもちろん、手全体が薄い人が増えています。いろいろな意味で、エネルギーが少ないのでしょう。こういう手の人は、生命力も弱く、性欲も少ない傾向にあります。

昔の男性は、もっと手が盛り上がっていました。職人さんの手など、本当にプックリしていて、見るからに逞しかったものです。

どうやら最近は男性も女性も、全体的に生命力が落ちていると言えそうです。こんなことではちょっと、この国の将来が心配になります。スマホやパソコンを見る時間を減らし、もう少し体を動かしてほしいものです。

ちなみに「性」と「声」は相関関係があります。男性で声が高い人は、男性ホルモンが少ない傾向にあります。また女性の場合、年齢が高くなると声が低くなるのも、女性ホルモンが減ってくるのが理由のひとつです。

◎ストレス線が出ていたら気をつける

生命線を横切るように入る波をうった細い横線がストレス線です。ストレスがたまっている状態だと、細かい横線が何本も入ります。

ストレス線が生命線を切っているため、少しずつ、生命線からエネルギーが抜けていきます。だから、心身ともに疲れていくのです。

ただ、まったくストレスがない人生なんて、ありえません。多少はストレスがあって当たり前。ただしこれは大人の場合。子どもにストレス線が出るのは問題です。

私は「時には開き直りなさい」とアドバイスしています。もう無理だと思えば、いったんは物事を放り出してもいいのです。そして気分転換してから、手をじっくり見て、自分に合った解決法を考えましょう。その人が元気になり幸せになる方法は、すべて手の中に出てきます。

ただし右と左、両手にかなりひどくストレス線が出ている場合は、うつになったり、病気になる可能性もあります。そういう場合は、カウンセリングを受けるなど、なに

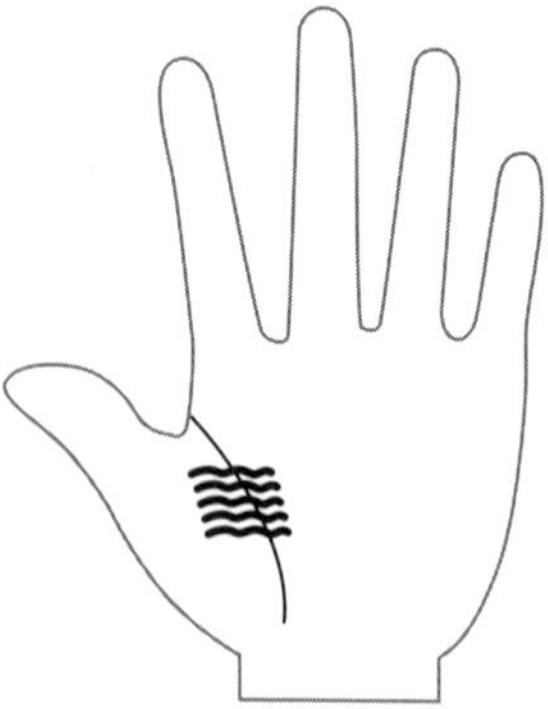

生命線を横切るストレス線

かしら積極的に手を打ったほうがいいかもしれません。

◎体力を消耗し体が疲れている時

体が疲れている時は、生命線の脇に横の線が何本か出ます。ストレス線は生命線の真ん中あたりに細くふわふわと出ますが、こちらはもう少し下のほうに、ややしっかりとした線として出ます。

この線が出たら体がけっこう疲れている証拠。無理をせず、十分休息をとることが大事です。ここで休まないでさらに疲れると、病気の原因になります。

寝不足が続いてもこの線が出ます。かつて『冬のソナタ』が引き金となって、韓国

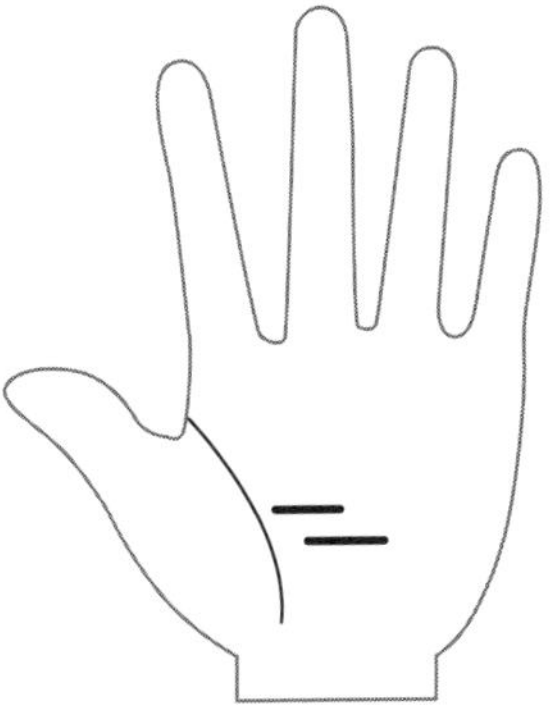

体が疲れていると出る

ドラマが大流行しました。その頃、私のところにくる奥様方にずいぶんこの線が出ていました。睡眠をしっかり取るのは健康の基本です。

この線が出たら、できれば検査を

体が疲れている時に出る横線が生命線とぶつかっている場合は、内臓疾患など、体の中でなんらかの異変が起きている可能性があります。

フルタイムで働きながら子育てをしている女性にも、この線が出ていている場合があります。無理に無理を重ねて、体が悲鳴をあげているのでしょう。どこか具合が悪い、最近体調が優れないと感じている場合

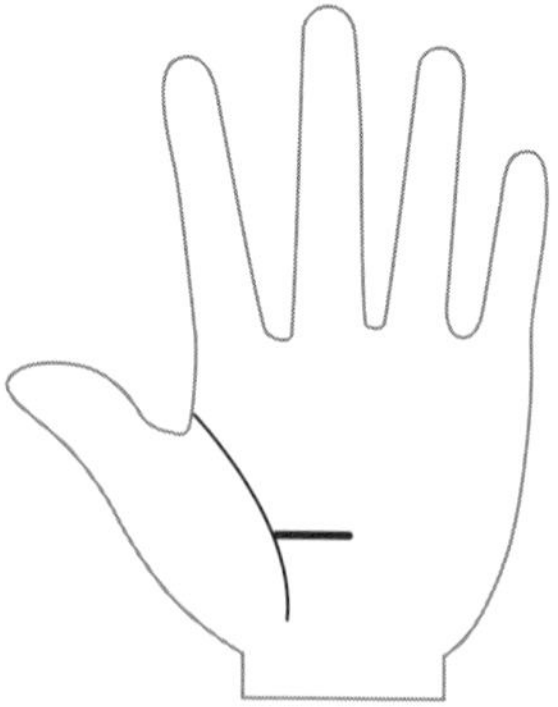

生命線とぶつかったら病院へ

は、なるべく早く病院で検査を受けることをおすすめします。

◎アルコール依存症になると出る線

アルコール依存症の人は、横線が生命線を断ち切るように1本、横切ります。なかにはこの線があっても、自分では依存症とは思っていない人もいます。でも線は嘘をつきません。自力でアルコールをやめられない場合は、病院やカウンセラーなど専門家に相談しましょう。

なお薬物依存の人にも、同じような横線が出ます。

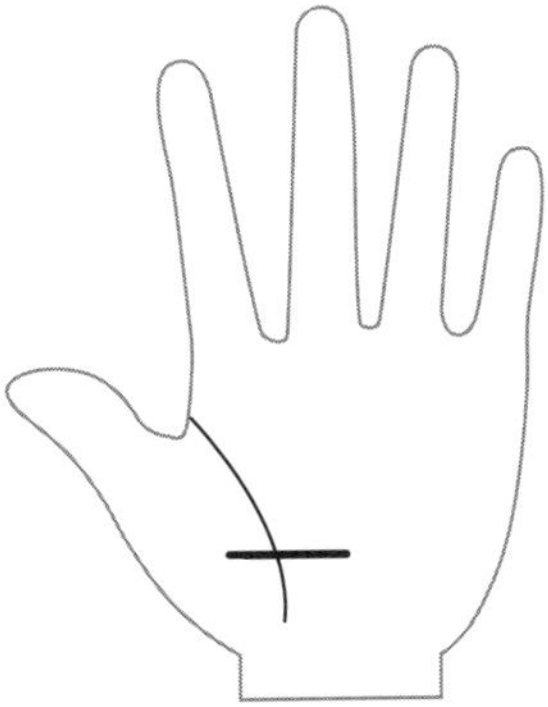

生命線を横切っていると
なんらかの依存症が

◎急激に体力が落ちた時に出る線

体力やエネルギーが急に落ちた時は、生命線の先が枝毛みたいに枝分かれします。

この線が出たら、生命線に穴があき、エネルギーが漏れている状態です。このまま無理を続けると病気になる可能性もあります。

人生は長いのですから、ここで無理をすることはありません。まずは心身ともに休め、長い目で人生を考え、ライフバランスを見直してください。

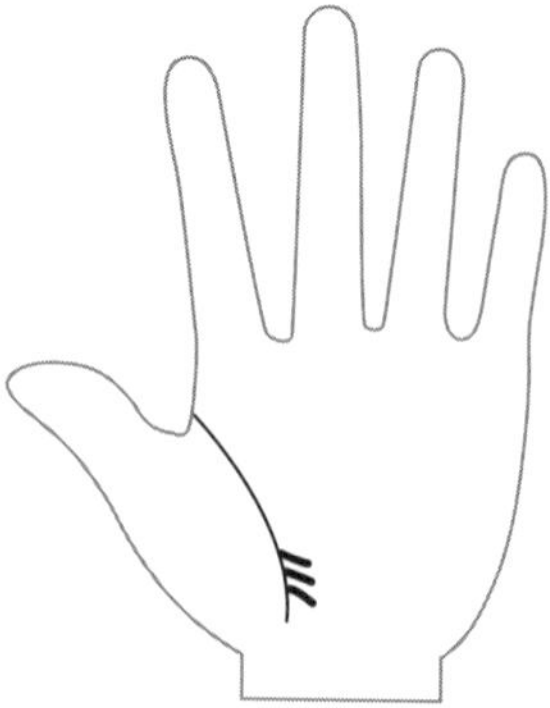

急に体力が落ちる

◎女性は50歳を過ぎたら生命線の穴あきに注意

家庭を持ちつつフルタイムで働いている女性は、50歳を過ぎたら、P186の図のように生命線の先が枝毛みたいに細かく分かれていないかチェックしてください。

働く女性が増えるにつれ、家庭と仕事の両立で疲れきってしまう女性が多くなってきました。子どもの面倒を見て、家事もして、フルタイムで働いてがんばり続けた結果、心身ともに燃料切れになってしまうのです。すると生命線に穴があいて、生命線の中を通っている生命エネルギーが漏れてしまいます。まるで古くなったホースのようにプチプチと線が裂けて、エネルギーが逃げていく。この線が出たら心身の危機。一刻も早く休息を取り、ライフスタイルを見直さないと、病気になってしまいます。

女性がこうなるのは、夫に問題があります。男性がもっと積極的に家事や子育てに参加したら、女性がここまで疲れないはずです。

もしこの線が出た場合、事情さえ許せば、休職するか、思い切っていったん辞めることをおすすめします。そのまま今の状態を続けていると、生命線がぶちっと切れて、大変な状態になりかねません。

でも今休んだら第一線から外されると、悩んでいる人もいます。また、せっかくここまでがんばってきたのだから、挫折するみたいで悔しいと言う人も。女性は真面目な人が多いから、ついそう考えてしまいます。

そういう人には、私は「病気になったらどうするの？　今休んだら、体は元に戻る。絆創膏《ばんそうこう》を貼るくらいの簡単さで治るのよ。でもこれが広がって生命線が切れてしまったら、絆創膏じゃ治らないわよ。だから仕事は辞めたほうがいい」とアドバイスします。

そして、こうも言います。「元気になったら、もっと楽な仕事をやったら？　そのかわり、あなたの手相には、80歳まで働けると出ているじゃない」と。すると、すごく本人は喜びます。誰かに背中を押してほしかったのでしょう。なかにはその場で、会社に「辞めようと思います」と電話をする人もいます。

体を休めて元気を取り戻したら、運命線や知能線を参考に、次にどんな仕事をし、どのような働き方をするのか、じっくり考えてください。

今、人生100年時代と言われています。50歳を過ぎてからの人生が、長いのです。その半ばで無理をして体を壊してしまったら、元も子もありません。

人生が長くなった分、人生後半になってもなにかしらの形で仕事をしなければいけないし、したほうがいいと思います。充実した後半生を過ごすためにも、いったん立ち止まって。子どもも独り立ちし、養育費がかからなくなったら、それまでとは違う働き方を考えてはいかがでしょうか。

コラム◎有名人と手相

徳川家康の手相には、「ますかけ線」があったと伝えられています。ますかけ線は、感情線と知能線が一体化して1本になっている、とても珍しい線です。

この線の人は強い精神力と諦めない根性があり、苦労した分、成功するという運がありますす。すべての経験を強運に変えてしまうため、「百握り」とも言われています。これを持っている人は天下取りの線とも言われています。

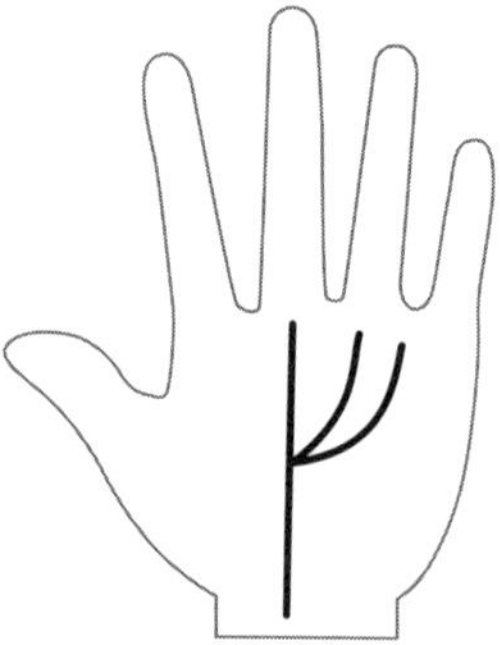

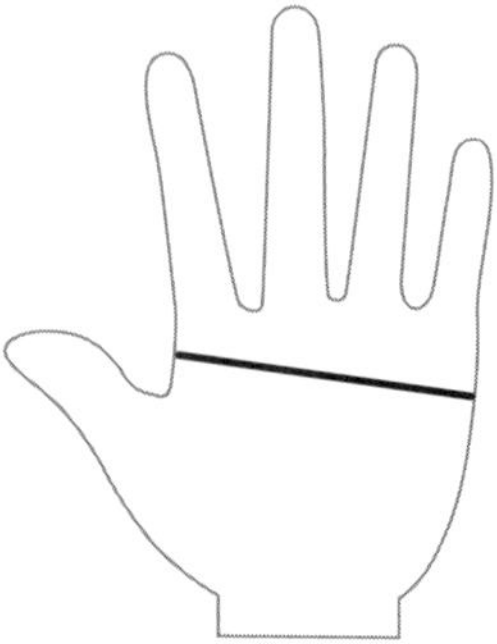

運命線と太陽線と財運線が、手のひらの中央部分でちょうどつながっている手相を「三奇紋《さんきもん》」と言います。これもとても珍しい手相で、仕事運、名誉、金運すべてが手に入り、「成功者」に時々見られます。三奇紋の持主として知られているのが、現在のパナソニックの創業者である松下幸之助です。その他、芸能人や一流スポーツ選手などにも、この手相の人がいます。

第9章

不安のない幸せな老後を迎えるには

◎悔いのない老後を迎えるために

どんな風に生きれば、楽しく悔いのない老後を迎えられるか。私はいつも「手相どおりに生きるのが一番いいんですよ」と言っています。

自分の手相は、自分だけのもの。だから手相を知ることで、自分にとってどういう生き方をすれば幸せになれるかが分かるし、「こうありたい」と強く思えば手相はそのように変わります。

たぶん多くの人は、認知症にならず、元気で、しかも経済的に不安のない老後を過ごしたいと考えているのではないでしょうか。また、老後、孤独になりたくないというのも、共通した願いだと思います。

そのためには55歳くらいから、自分は将来どう生きたいのかをしっかり考えることが大事です。自分の「生き方」の方針が定まれば、手相もあなたの思いを反映して変化していきます。

◎60歳を過ぎたら新しい仕事で第二の人生を

昨今、「人生100年時代」などと言われています。100歳まで生きることを前提にした場合、仕事もいくつかシフトして、定年後も働き続けたほうがいいと思います。

60〜65歳で仕事を辞めてしまうと、その後することがなくなり、うつっぽくなる人もいます。また、経済的に心細くなるかもしれません。ただし体力的にも若い頃とは違うので、以前のようにバリバリ働く必要はありません。体力に見合った形で、それまでとは違う働き方をすればいいのです。

先日も、見事な転身をした人に会いました。ある企業で高い地位を得ていたのですが、定年後、私立の小学校の用務員になったのです。子どもからエネルギーを貰えるし、会社員時代のように常に数字のことを考えずにすむのでストレスもないとおっしゃっていました。

小さな会社の社長を退いた後、高級住宅街のマンションの、通いの管理人に転職した人もいます。隅々まで配慮が行き届き、品位もあることから、「スーパー管理人」と呼ばれて住人から信頼されています。

ずっと主婦だった人は子どもの独立後、いわゆる「空《から》の巣症候群」でむなしさを感じている人もいるようです。そういう人は料理や掃除など、自分の経験を活かせる仕事をやってみてはどうでしょう。

カッコいい仕事をしようなどと考えなくていいのです。それより人を助ける仕事や世の中の役に立つ仕事をすると、自分自身の生きがいにつながります。若い人がやりたがらない仕事を60代、70代の人がすれば、感謝もされます。

最近はシニアボランティアとして、木の剪定《せんてい》や草むしりなどをする人も増えています。ひと仕事終わった後、仲間とコーヒーを飲んだり、時にはビールでも飲んで帰れば、充実した一日を送れるのではないでしょうか。

60歳から違う仕事をすれば、80歳まで20年働けます。もし運命線の60歳以上の場所に線がしっかりと出ているなら、5年先、10年先を見据えて、手相の勉強を始めてみることをおすすめします。

◎健康寿命を延ばすには

長寿社会における大きな問題は、健康寿命と実際の寿命の差です。元気で自分のことは自分でできるなら、100歳まで生きても幸せでしょう。でも寝たきりや胃瘻《いろう》しなければ栄養が摂れない状態で長生きするのは、本人にとってつらいものです。

健康寿命を延ばすには、80歳まで働くことです。受け身の生活をしていると、心身ともに衰えていきます。でも、自分は世の中の役に立っている、人のために何かしていると思うと、脳も体も活性化されて元気です。

80歳まで働いて、その後は自分のことは自分でしながら、少しずつ仕舞支度をする。私はそんな老後が理想ではないかと考えています。

○運命線が長い女性、短い男性

運命線は、いわば人生そのもの。老後の生活に関しても運命線に出てきます。

女性の場合、55歳過ぎあたりから運命線が長くしっかり出る人が増えています。子育ても終わってようやく自分の時間が持てるようになり、これから第二の人生を始めたいという思いがあるからでしょう。

一方男性は、55歳くらいで運命線が短いまま終わっている人もかなりいます。30代、40代でバリバリ仕事をした人は、疲れ果てているのです。

男性の中には、長年仕事を続けて疲れてはいるけれど、「いやいや、自分がいないと回っていかないんだから」と自分でも信じたい人もいるでしょう。そういう人の運命線は、55歳くらいで止まっていません。今までよりは仕事量も減るし、お給料も下がるかもしれませんが、そういう場合は定年後の再雇用などに応じるのもいいかもしれません。

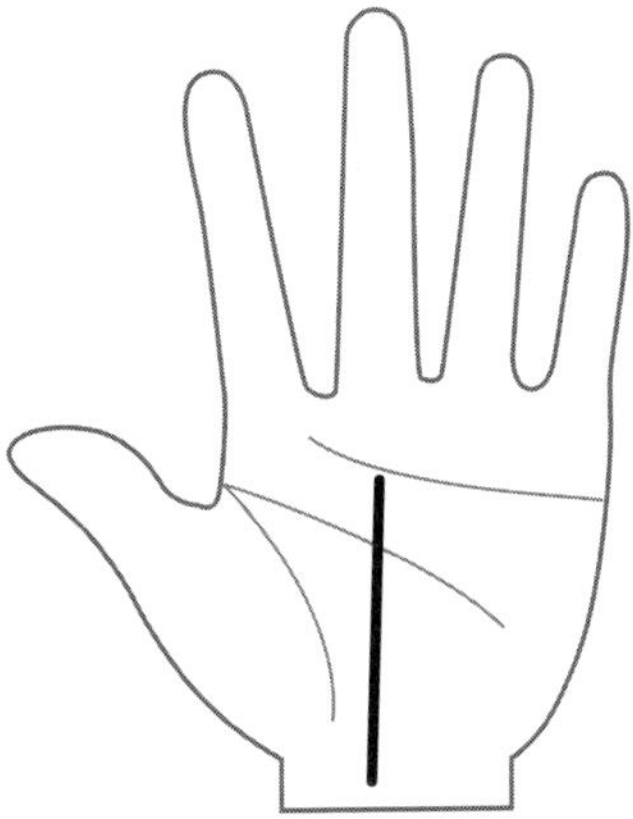

55歳ぐらいで運命線が止まる。男性に多い

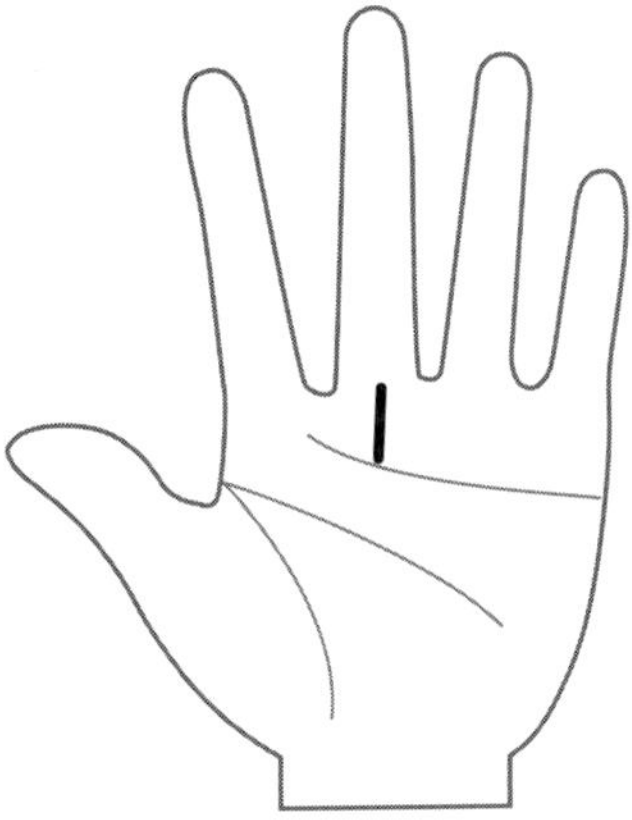

55歳ぐらいから運命線が出ている。女性に多い

老後、のんびり暮らしたいなら

第一線で活躍している男性に多いのですが、前のページでお話ししたように運命線が感情線のあたりで止まっている人がいます。この線の人は60歳を過ぎたら、好きなことをしてのんびり過ごしてもいいと思います。

こういう人に「あなたは60歳くらいで引退なさいますすね」と言うと、「引退していいんですね」と、すごく喜びます。定年後、釣りや畑仕事やキャンプなどを楽しみたい、と。老後そういう生活を送りたい人は、現役時代に一所懸命お金を稼いでください。

男性は意識を変える

男性の中には、定年後、家にいると奥さんが嫌がるので、働かないわけにはいかないと言う人も少なくありません。確かに奥さんの立場に立てば、1日3回、夫の食事の用意をしなくてはいけないと考えただけで、うんざりします。だから男性も、定年後なにかしら仕事をしたほうが家庭が平和かもしれません。

老後すこしゆっくりしたいと言う男性には、私は「じゃあ、料理や家事はあなたがしてくださいね。そうしたら、奥さんの機嫌はよくなります。『これからは僕が家事をするから、君は好きなことをすればいい』と言えるのが、男の器量です」と申し上げます。

料理の経験がない男性は、料理教室に通うのもいいかもしれません。最近はシニア男性向けの料理教室も盛んです。そういうところに行けば、新しい人間関係も生まれます。

○仕事を始めるのに、遅すぎることはない

あるとき、51歳のとても素敵な奥様がお見えになりました。子どもが2人とも独立し、ご主人も偉くなってあまり家に帰ってこない。孤独でどうしていいか分からないと言うのです。

しかも最近体調が悪く、いつも体がだるくてしようがない。もしかして病気の前兆かと不安になり、手相を見てもらおうと思ったそうです。

手を見ると、50歳前後の位置からしっかりした運命線が出ています。そこで私は、「あなたは病気ではありませんよ。この線を見てごらんなさい。急に運命線が出ているじゃない。人生そのものを表す運命線がこんなにしっかり出ているということは、もっと働いたほうがいい、ということですよ。ご飯を作って、ただご主人の帰りを待っているだけだから、具合が悪くなるんです」と言いました。

その人はお料理がとても得意です。だったらその腕前を活用して、子ども食堂

や保育園などでお料理を作ってみてはいかがですか、とおすすめしました。大事なのは、タダではダメだということです。時給700円でもいいから、もらうようにする。たとえ1ヵ月2万円くらいにしかならなくても、ご主人に頼るお金よりずっと楽しいものです。運命線がしっかりしている人は、金銭的にも自立してくるのです。

もちろん今まで仕事をした経験がないわけですから、すぐにお金には結びつかないかもしれません。ですから「お金は結構です。子どもたちのためにお手伝いしたい」と、子ども食堂や保育園を訪ねるところから始めてもいいでしょう、とアドバイスしました。たとえば食器を洗うとか、ゴミを片づけるとか、まずそこから始めてみたらどうですか、と。

奥様は、そんなこと考えてもみなかった、新しい人生の目標が見つかったと、直感的に思ったそうです。その日は興奮が収まらず、私のところから家まで数キロの道を歩いて帰ったと報告してくださいました。

○ 認知症にならない生命線

認知症にならず、最後までしっかりしていたい。それは多くの人が望むことです。

喜ばしいことに、最近の人の手相が変わってきました。昔は①のように、生命線がぐーっと巻いている人が多かったのです。これは、老後は子どもの世話になろう、人に面倒をみてもらおうと思っている人の手相です。人からやっても

① 大きくカーブを描いた生命線

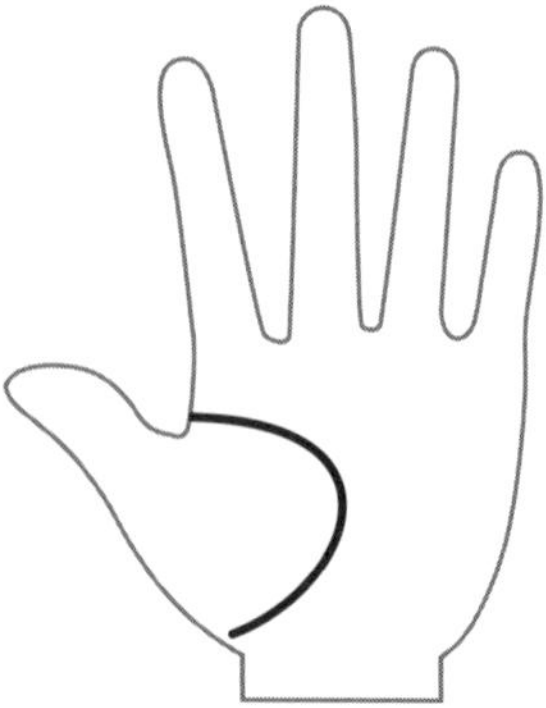

老後はだれかにみてもらいたいと思っている

② 下にまっすぐ伸びた生命線

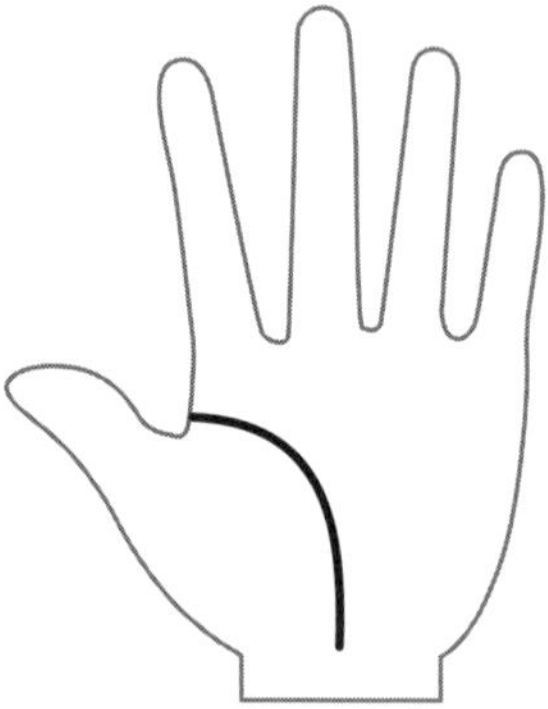

自分の始末は自分でするると覚悟を決めた人

らうのを当たり前だと考えていると、人間どうしてもボケていきます。

ところが最近は、②のように生命線が下にぐーっとまっすぐ伸びる人が増えてきました。この線の人は、歳をとっても子どもに面倒はみてもらわない。自分のことは自分でやると覚悟を決めている人です。こういう人は、ボケている暇がありません。まず認知症にはならないでしょう。

人に迷惑はかけないといっても、ずっと一人で暮らすという意味ではありません。老人ホームに行くとしても、自分で決めて、お金も用意しておく。自分で自分の最後は決めようという覚悟を持てば、自然と線がそのように変わっていきます。

二重生命線がある人も、ボケずに長生きします。親兄弟など身内の厄介事がす

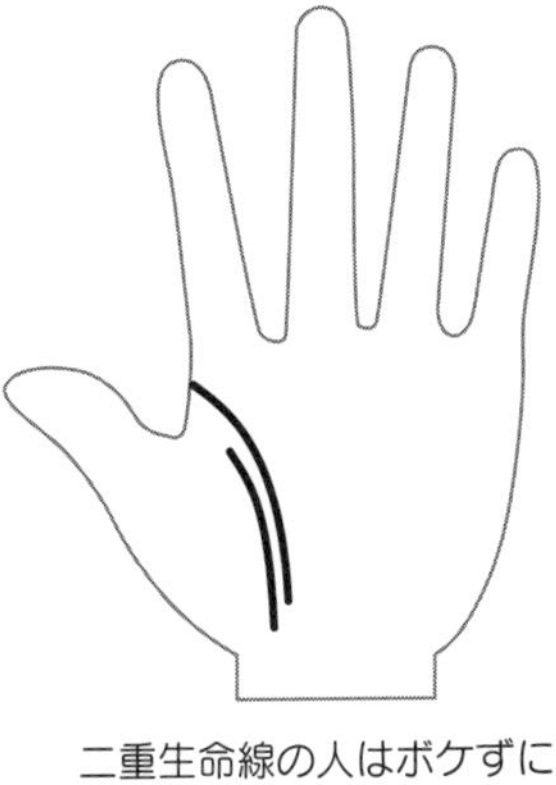
二重生命線の人はボケずに長生き

べて降りかかってくるため、認知症になっている暇がないのです。

高齢になっても、世の中のために何かできることを探す。そして自分の始末を自分でして、ボケないようにして人生を終わらせる。これからの時代、大事な心構えだと思います。

コラム◎ちょっとだけ「いいこと」をやってみる

私はもっと歳をとったら、近くの神社にお話をして、掃除をさせてもらおうと思っています。きれいになったら自分自身すがすがしい気持ちになるし、神社からいい気がいただけそうです。

この間も、お店の前にゴミが落ちていたので拾ったら、若い店員さんがニコッと笑って、「私、お預かりします」と言ってくれました。気分がよかったので、手相を見てあげたところ、きれいな結婚線が出ていました。「あなた、

○歳くらいでいいお相手と出会って結婚するわよ」と言ったら、喜んでいました。

歳を重ねた人も若い人も、自分ができる「ちょっぴりいいこと」を持ち寄れば、世の中がギスギスせず、心地よくなるのではないでしょうか。

◎太陽線から分かる老後の満足度

太陽線は人気線、幸運線などとも言われており、人間の満足度を意味し、どのくらいの幸福感を得られるかが分かります。どこから出発しても、薬指（人気の丘）に向かって伸びている線で、精神的な満足、現実的な満足が得られている場合に現れる吉線です。

① 晩年満足を得られる

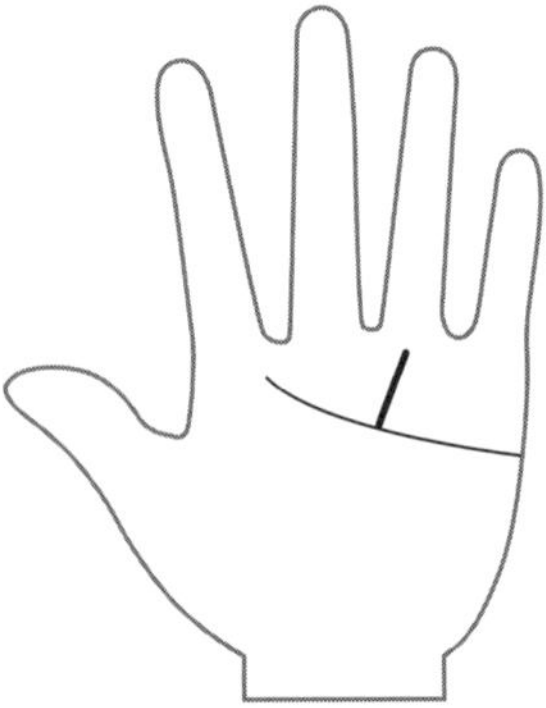

② 小さいがたくさんの幸せがある

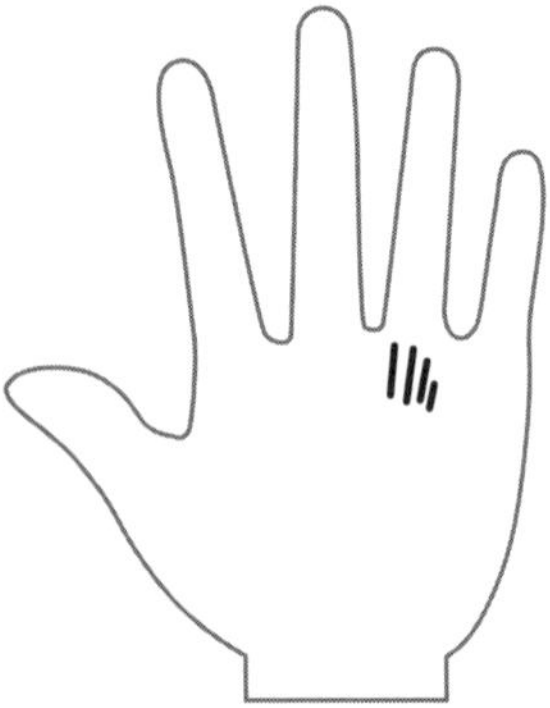

①感情線上から太陽線が伸びている
——晩年期に満足が得られる

感情線から太陽線が伸びている人は、若い頃や中年期はあまり満足が感じられないものの、55歳くらいからの真面目で誠実な努力が実を結び、地位や名誉、お金に恵まれた幸せな日々を実感できます。

②太陽線が何本もある
——小さな幸せがいくつも得られる

太陽線が何本もある場合、小さな幸せがいくつも得られます。日常の小さな出来事に喜びを感じられる感性があるので、穏やかで幸福な晩年を過ごせます。

◎孤独にならないために

高齢になってから孤独だと、なかなかつらいものです。孤独にならないためには、どうしたらいいのでしょう。

自然界では、男の人は「甲木」と言い、大木に擬せられます。女性は「乙木」で草花に擬せられます。

男はもともと1本の木なので、人と交わって、人のために何かをする習慣があまりないのです。

縦社会で生きてきた男性は、横の関係が苦手です。そのため往々にして高齢になってから孤独になってしまいます。一方女性は草花なので、寄り添って群れて生きるのに向いています。

老後孤独にならないためには、50歳を過ぎたら人の役に立つことを見つけて、できるだけ横の関係を作ることです。その努力を怠り、歳をとってから「孤独でどうしていいか分からない」と嘆いても、後の祭りです。

ひとつ男性にすすめるとしたら、料理を覚えること。男の人もおいしい料理を作れれば、友だちもできるし、人も寄ってきます。

何度も言いますが、男性が老後幸せになるためには、意識改革が必要です。

○人にも自分にも甘えない

人様のことに気を遣える人はボケません。やってもらって当たり前だと思って文句を言っている人はボケやすいです。ボケたくなければ、人に甘えないこと。自分のことは自分でやるのが大前提です。

とくに現役時代地位が高く、秘書がなんでもやってくれていた男性は要注意。

奥様に「あれやれ」「これやれ」と命令したら、嫌われてしまいます。最悪、熟年離婚、あるいは熟年別居されてしまうかもしれません。

自分のことは自分でやる人どうしが、ゆるやかにつながることができたら、歳をとっても楽しく生活できるのではないでしょうか。

その点、女性は70代になっても80代になっても、ゆるやかなコミュニティを作るのが得意です。

おにぎりやちょっとしたおかずを持ち寄って、みんなでご飯を食べようと誰かが声をかけると、女性は自然と集まってきます。

ところが男性は、なかなか参加しません。これでは自ら孤独に追いやっているようなものです。

人間は、ひとりで生きられません。人間は「人」の「間」と書くように、人と人の間が大事なのです。

あまり近づきすぎてもダメだし、かと言って遠すぎると孤独になります。いい距離感を保ちつつ、人と交わっていく。年齢を重ねれば重ねるほど、人とかかわることは大事だと思います。

幸せな老後を迎えるには、「人にも自分にも甘えない」がキーワード。その上で人と支え合い、自分にどうしてもできないことは助けてもらって、幸せな老後を過ごしていただきたいです。

おわりに

私のところには、手相を見てもらいに大勢の人がやってきます。SPを外に待たせている政治家もいれば、会社経営者もいます。主婦の方も多いですし、進路に迷っている学生や会社員、ときにはキャバクラ嬢もきます。今まで手相を見た人の数は、おおよそ8万人くらいになります。

苦境にある人は、解決法を知りたくて相談にみえます。人生に迷っている時は、なにかしらの指針を探したくてやってきます。皆さんに共通しているのは、より幸せになりたいけれど、そのための道がまだ見えていないという点です。

何をもって幸せと感じるかは、人それぞれ違うでしょう。でもどんな人にとっても、自分らしく、どれだけ満足感を持って生きられるかが、重要なポイントだと思います。

自分らしさとは何か。何に満足感を覚えるのか。それは、手相がすべて教えてくれます。また、宿命は変えられませんが、運命は自分の思いひとつで変えられます。つまり人生の半分は、自分の手で作ることができるのです。

本書を出すにあたっては、幻冬舎の鈴木恵美さんに大変お世話になりました。鈴木さんの手相は本書を作る過程で見事に変わっていきました。自分が本当はどう生きていきたいのかを改めて考えた結果、手相に変化が現れたのです。運命線が55歳で止まっていたのが、線が伸びて65歳ぐらいまで仕事をすると変わりました。「先生、見てください。私の手相が変わったんです！ こんなに短期間で変わるなんてビックリしました」と報告してくださった鈴木さんの、晴れやかな顔が忘れられません。

より幸福になるために、いい人生を送るために、この本が皆様のお役に立つことを願わずにはいられません。最後までお読みくださいまして、ありがとうございます。

桑原良枝

プロフィール

桑原良枝

くわはら・よしえ

1941年、東京生まれ。建設会社の代表を経て、60歳で手相、運命学の勉強を始めて鑑定士になる。「株式会社ここにいた」会長。手相鑑定のスペシャリストで、モットーは〝手相が変われば、すべてうまくいく〟。家庭の問題から経営相談まで、手相、算命学などからあらゆる問題を解決に導いている。

「ここにいた占いアカデミー」は、手相と自然算命学の学校として東京・大阪・福岡で開校。卒業生はプロの鑑定士として活躍している。

占いアプリ「ことばこ。」の監修をしている。

URL：
「ここにいた」 https://www.kokoni-ta.com
「ことばこ。」 https://www.kotobako.info

手相でつくる幸せ
金運・結婚運・健康運を引き寄せる

2019年6月27日　第1刷発行

著　者　桑原良枝
発行人　見城 徹
編集人　福島広司

発行所　株式会社 幻冬舎
〒151-0051　東京都渋谷区千駄ヶ谷4-9-7

電話　03(5411)6211(編集)
03(5411)6222(営業)
振替　00120-8-767643
印刷・製本所　株式会社 光邦

検印廃止

ISBN978-4-344-03478-5　C0095
幻冬舎ホームページアドレス　https://www.gentosha.co.jp/

この本に関するご意見・ご感想をメールでお寄せいただく場合は、
comment@gentosha.co.jpまで。